चाँद की वर्तनी

(कविता-संग्रह)

चाँद की वर्तनी

राजेश जोशी

राजकमल प्रकाशन

ISBN : 978-81-267-1203-8

मूल्य : ₹399

पहला संस्करण : 2006
तीसरा संस्करण : 2019
This book is printed on **Print on Demand** Technology : 2026

प्रकाशक : राजकमल प्रकाशन प्रा.लि.
1-बी, नेताजी सुभाष मार्ग, दरियागंज
नई दिल्ली-110 002

शाखाएँ : अशोक राजपथ, साइंस कॉलेज के सामने, पटना-800 006
पहली मंजिल, दरबारी बिल्डिंग, महात्मा गांधी मार्ग, प्रयागराज-211 001
1, अनमोल सोराबजी संतुक लेन, धोबी तलाव, मरीन लाइंस, मुम्बई-400 002

वेबसाइट : www.rajkamalprakashan.com
ई-मेल : info@rajkamalprakashan.com

CHAND KI VARTANI
Poems by Rajesh Joshi

केदारनाथ सिंह
चन्द्रकांत देवताले
और
आलोकधन्वा के लिए

कविता-क्रम

चाँद की वर्तनी

मैं झुकता हूँ

दरवाज़े से बाहर जाने से पहले
अपने जूतों के तस्मे बाँधने के लिए मैं झुकता हूँ
रोटी का कौर तोड़ने और खाने के लिए
झुकता हूँ अपनी थाली पर
जेब से अचानक गिर गई क़लम या सिक्के को उठाने को
झुकता हूँ
झुकता हूँ लेकिन उस तरह नहीं
जैसे एक चापलूस की आत्मा झुकती है
किसी शक्तिशाली के सामने
जैसे लज्जित या अपमानित होकर झुकती हैं आँखें
झुकता हूँ
जैसे शब्दों को पढ़ने के लिए आँखें झुकती हैं

ताकत और अधीनता की भाषा से बाहर भी होते हैं
शब्दों और क्रियाओं के कई अर्थ

झुकता हूँ
जैसे घुटना हमेशा पेट की तरफ़ ही मुड़ता है
यह कथन सिर्फ़ शरीर के नैसर्गिक गुणों
या अवगुणों को ही व्यक्त नहीं करता

कहावतें अर्थ से ज़्यादा अभिप्राय में निवास करती हैं।

27.2.01

दोपहर की कहानियों के मामा

हम उन नटखट बच्चियों के मामा थे
जो अकसर दोपहर में अपनी नानियों से कहानी सुनने की ज़िद करती थी

हम हमेशा ही घर लौटने के रास्ते भूल जाते थे
घर के एकदम पास पहुँचकर मुड़ जाते थे
किसी अपरिचित गली में
अकेले होने से हमें डर लगता था
और लोगों के बीच अचानक ही हम अकेले हो जाते थे

अर्जियों के साथ हमारा जो जीवन चरित नत्थी था
उसमें हमारे अनुभवों के लिए कोई जगह नहीं थी
उसमें चाय की दुकानों और सिगरेट की गुमटियों के
हमारे उधार खातों का जिक्र नहीं था
उसमें हमारे रतजगों और आवारगी का कोई किस्सा नहीं था

कई पेड़ों, खंडहरों और चट्टानों पर लिख आए थे हम अपने नाम
प्रेमिकाओं को अकसर हम जीवन से जाते हुए देखते थे
मोची हमारी चप्पलों को देखकर पहले मुस्कुराते थे
फिर नए थेगले लगाने से इनकार कर देते थे

हम अपनी ख़ाली जेबों में डाले रहते थे अपने ख़ाली हाथ
एक ख़ालीपन को दूसरे ख़ालीपन से भरते हुए

हमें लेकिन एक हुनर में महारत हासिल थी
हम बहुत सफाई से अपनी हँसी में अपने आँसू छिपा लेते थे।

21.2.01

रात किसी का घर नहीं

रात गए सड़कों पर अकसर एक न एक आदमी ऐसा ज़रूर मिल जाता है
जो अपने घर का रास्ता भूल गया होता है

कभी-कभी कोई ऐसा भी होता है जो घर का रास्ता तो जानता है
पर अपने घर जाना नहीं चाहता

एक बूढ़ा मुझे अकसर रास्ते में मिल जाता है
कहता है कि उसके लड़कों ने उसे घर से निकाल दिया है
कि उसने पिछले तीन दिन से कुछ नहीं खाया है
लड़कों के बारे में बताते हुए वह अकसर रुआँसा हो जाता है
और अपनी फटी हुई कमीज़ को उघाड़कर
मार के निशान दिखाने लगता है
कहता है उसने बचपन में भी अपने बच्चों पर
कभी हाथ नहीं उठाया
लेकिन उसके बच्चे उसे हर दिन पीटते हैं

कहता है कि वह अब कभी लौटकर
अपने घर नहीं जाएगा
लेकिन थोड़ी देर बाद ही उसे लगता है कि उसने यूँ ही
गुस्से में बोल दिया था यह वाक्य
अपमान पर हावी होने लगती एक अनिश्चितता
एक भय अचानक घिरने लगता है मन में
थोड़ी देर बाद वह अपने आप से ही हार जाता है
दूसरे ही पल वह कहता है
कि अब इस उम्र में वह कहाँ जा सकता है

वह चाहता है, मैं उसके लड़कों को जा कर समझाऊँ
कि लड़के उसे वापस घर में आ जाने दें
कि वह चुपचाप एक कोने में पड़ा रहेगा
कि वह बाज़ार के छोटे मोटे काम भी कर दिया करेगा
बच्चों को स्कूल से लाने ले जाने का काम तो
वह करता ही रहा है कई साल से

वह चुप हो जाता है थक कर बैठ जाता है
जैसे ही लगता है कि उसकी बात पूरी हो चुकी है
वह फिर बोल पड़ता है कहता है : मैं बूढ़ा हो गया हूँ
कभी-कभी चिड़चिड़ा जाता हूँ
सारी गलती लड़कों की ही नहीं है
वे मन के इतने बुरे भी नहीं हैं
हालात ही इतने बुरे हैं, उनका भी हाथ तंग रहता है
उनके छोटे-छोटे बच्चे हैं और वो मुझे बहुत प्यार करते हैं
मेरा तो पूरा समय उन्हीं के साथ बीत जाता है
फिर अचानक वह खड़ा हो जाता है कहता है
हो सकता है वे मुझे ढूँढ़ रहे हों
उनमें से कोई न कोई थोड़ी देर में ही मुझे लिवाने आ जाएगा
आप अगर मेरे लड़कों में से किसी को जानते हों
तो उससे कुछ मत कहिएगा
सब ठीक हो जाएगा...

सब ठीक हो जाएगा...
बुदबुदाते हुए वह आगे चल देता है

रात किसी का घर नहीं होती
किसी बेघर के लिए
किसी घर से निकाल दिए गए बूढ़े के लिए
मेरे जैसे आवारा के लिए

रात किसी का घर नहीं होती

उसके अँधेरे में आँसू तो छिप सकते हैं कुछ देर
लेकिन सिर छिपाने की जगह वह नहीं देती

मैं उस बूढ़े से पूछना चाहता हूँ
पर पूछ नहीं पाता
कि जिस तरफ़ वह जा रहा है
क्या उस तरफ़ उसका घर है ?

17.5.03

विलुप्त प्रजातियाँ

मैं अब अपने शहर में नहीं रहता

कह सकते हो यह भी कि अब मैं उस शरीर में नहीं रहता
कुछ दिन पहले तक जिसमें रहा आया

चेहरा भी एक पता ही तो है
मसलन वह खिचड़ी दाढ़ी अकसर बिना ओंछे बाल और थोड़ी
लापरवाही से कपड़े पहने चप्पल चटकाता आदमी
जो मिल जाया करता था किसी भी सड़क पर
हो सकता है किसी सड़क या चाय घर में
वैसा ही या उससे मिलता जुलता कोई शख़्स
किसी दिन दिखाई दे जाए अचानक आपको
हो सकता है किसी बिजली के खम्बे के नीचे वाले पटिये पर
वह झुका हो शतरंज की बिसात पर मोहरों को जमाता
यह भी हो सकता है कि हड़बड़ी में आप उसे
राजेश जोशी समझ कर उसकी ओर बढ़ें या उसे आवाज़ दे बैठें

मेरी बात मानें तो ऐसा हरगिज़ मत कीजिएगा
यकीन करें जैसे ही आप उसे पुकारेंगे
उसकी आँखों से एक अपरिचित आदमी बाहर आकर पूछेगा...
कौन...किस व्यक्ति को तलाश रहे हैं आप ?
इस नाम का तो कोई शख़्स अब यहाँ नहीं रहता
आपको शायद कुछ ग़लतफ़हमी हुई है

हमारे समय में ऐसे हादिसे अकसर लोगों के साथ हो जाते हैं
आप अपनी याददाश्त के भरोसे

कई बरस बाद किसी शहर की किसी गली में
एक पुराने दोस्त या किसी परिचित का मकान खोजते हुए
किसी घर तक जाते हैं
उसका दरवाज़ा खटखटाते हैं
अपने परिचित का नाम लेकर आवाज़ लगाते हैं
कोई दूसरा ही आदमी बाहर निकल कर आता है और बताता है
कि वे अब यहाँ नहीं रहते
कि हमारे इस घर में आने से पहले ही शायद
वे घर छोड़कर चले गए होंगे
कि हमें तो यह भी पता नहीं कि वे कहाँ गए
लेकिन आस पड़ोस में भी कोई उन्हें जानता होगा
ऐसा नहीं लगता

कई लोग इसी तरह खो जाते हैं एक दिन
उनके नए पते किसी को पता नहीं होते
कई लोग और कई शहर के शहर
इसी तरह खो गए हमारी धरती से

पेड़ों, पशुओं और परिन्दों की न जाने कितनी प्रजातियाँ
विलुप्त हो गईं न जाने कब
अब तो उनकी कोई स्मृति भी
बाकी नहीं

कभी-कभी अपनी टूटी बिखरी स्मृतियों में भटकता
कोई बूढ़ा आदमी मिल जाता है अचानक
जो अपनी याददाश्त को टटोलते हुए कहता है
हाँ कई साल हुए ऐसे एक जन यहाँ रहते तो थे
पर कई बरस हुए उन्हें नहीं देखा
फिर किसी बाढ़ या सूखे या किसी भयानक दंगे को याद करता
बताता है कि उसके बाद से तो वो लोग यहाँ नहीं दिखे कभी
पता नहीं फिर उनका क्या हुआ
मर गए या कहीं चले गए चुपचाप पता नहीं चला

धीरे-धीरे इसी तरह कम होते जाते हैं
शहर में हमें जानने पहचानने वाले
एक दिन अपने शहर के उसी चाय घर में
जहाँ हम हर रोज़ बैठा करते थे
अजनबियों की तरह घुसते हैं
आसपास जमे अपरिचित चेहरों में
किसी पहचान के चेहरे को
खोजने की कोशिश करते
पर कोई नहीं होता जो हमें पहचान कर
लपक कर आए हमारा नाम पुकारता हुआ

हम एक ख़ाली पड़ी टेबल के किनारे बैठ कर
चाय पीते हैं सिगरेट जलाते हैं
और ऊब कर आधी सिगरेट को
थोड़ी बेरहमी से जूते के नीचे मसल कर
उठ जाते हैं।

14.7.04

एक-से मकानों का नगर

एक-एक कर अपने शहर की गलियों को याद करता हूँ
जैसे एक-एक कर अपनी नसों को टोता हूँ
कितनी मिट्टी कितना पानी कितनी हवा
मेरे फेफड़ों में जमा है मेरे शहर की
कि बाहर निकलना चाहकर भी बाहर नहीं जा पाता
किसी दूसरे शहर की गलियों में घूमते हुए
उसका चेहरा अपने शहर की गलियों से मिलाता हूँ

कहाँ है कहाँ है वह हवामहल
मेरे बचपन के उस मदरसे का क्या हुआ
उसकी लम्बी दालानें उसके झरोखे उसके आँगन का क्या हुआ
वह विशाल दरवाज़ा जिसमें जेब की तरह एक छोटा दरवाज़ा और था
जिससे कूद कर अन्दर आते या तड़ी मार कर बाहर भागते थे हम
क्या हुआ ?
पिछले पचास-साठ वर्षों में नए वास्तुशिल्पियों ने कैसे ढाँचे
तैयार किए हैं नए मकानों के
कि एकदम एक जैसे होते जाते हैं सारे शहरों के नाकनक्श
कितने साल बीते उस कहानीकार को याद किए
जिसने लिखी थी कहानीएक-से मकानों का नगर
लेकिन न हमारे पास वक़्त था न कहानियों पर भरोसा
कि उसकी बात का मर्म समझ पाते

देखते-देखते सारे शहर एक-से मकानों से भरते जाते हैं
एक जैसी लगती हैं सारी सड़कें सारी गलियाँ सारे चौराहे
एक दिन सारे शहरों के चेहरे एक-सा हो जाएँगे

एक दिन एकाएक हम अपने ही घर का नम्बर भूल जाएँगे
अपने ही शहर में अपना ही घर ढूँढ़ते हुए भटकेंगे
और अपना घर नहीं ढूँढ़ पाएँगे
रात गए थक हार कर बैठे होंगे किसी पुलिया पर
और तभी दूर से सीटी मारता एक पुलिस वाला
आकर पूछेगा क्यों बैठे हो यहाँ ?
हम कहेंगे हम अपना घर नहीं ढूँढ़ पा रहे हैं
वह हमारी बात पर यकीन नहीं करेगा
वह थाने ले जाने के बारे में धमकाएगा
और कहते-कहते अचानक फफककर रो पड़ेगा
और धम्म से आकर हमारी बगल में बैठ जाएगा
कहेगा कि मैं भी कई रातों से अपना घर ढूँढ़ रहा हूँ।

28.12.04

उमस

अगर एक मिनिट भी और देर हुई होती
तो छूट ही जाती उस दिन कामायनी एक्सप्रेस !

इतना भी वक़्त नहीं था कि प्लेटफार्म पर हम
अपनी बोतलों में पानी भर पाते
उमस इतनी ज़्यादा थी कि सबके गले सूख रहे थे
और किसी के पास नहीं था एक घूँट भी पानी
खिड़की से चेहरा सटाये सब हवा के लिए बेचैन थे
गाड़ी ने रफ्तार पकड़ी तो सबने राहत की साँस ली
प्यास लग रही थी और थकान के चलते चाय की तलब भी
फिर सब भदौही के आने का इंतजार करने लगे

आषाढ़ के बादल बिना बरसे ही इस बार
उत्तर भारत से फ़रार हो गए थे
मानसून से पहले की फुहारें भी इन इलाकों में नहीं पड़ी थीं
और चौपट हो चुकी थी सोयाबीन की सारी फसल
जिन खेतों के आसपास नाले या नहरें थीं
वहीं बुआई हुई थी और भूले भटके कहीं-कहीं कुछ हरियाली दिख जाती थी
ज़्यादातर खेतों में हल चल चुका था पर बीज नहीं छींटे गए थे

सावन का पहला सोमवार था
भीड़ से अँटी पड़ी थीं काशी विश्वनाथ के मन्दिर की सारी गलियाँ
बहुत लम्बा रास्ता तय करके आना पड़ा था हमें स्टेशन तक
धर्मप्राण काशी ने गड़बड़ा दिया था
हमारे समय का सारा गणित

दौड़ते भागते भी लेकिन पकड़ ही ली थी हमने कामायनी एक्सप्रेस
सीट पर पसरते ही राहत की साँस ली थी सबने
और अब खिड़की के बाहर देखते हुए
भदौही के आने का इंतज़ार कर रहे थे हम

तभी एक सूखे खेत की मेड़ पर खड़े बहुत सारे अधनंगे बच्चों ने
हमारी ओर देखकर अपने छोटे-छोटे हाथ हिलाए
और जोर से हँसे
जितनी हँसी उनके दाँतों पर थी
उससे कहीं ज़्यादा हँसी
उनकी आँखों में थी

अजीब दृश्य था
कि उस उन्मुक्त दूधिया हँसी के पीछे
दूर तक एक सूखा खेत था
साँवले से कुछ ज़्यादा गहरे थे उन बच्चों के चेहरे
और दूधिया से कुछ ज़्यादा उजली थी
उनकी हँसी

जाने क्या था उस हँसी में न जाने क्या कहता हुआ सा
कि मैं उस पल भूल गया उमस की सारी बेचैनी

लगा एकाएक
उतर गई जैसे सारी थकान !

6..8.02

सुब्हे बनारस

जन्म के इतने बरस बाद उस दिन फिर ब्रह्म मुहुर्त में जागा
कि मुझे सुब्हे बनारस देखना थी

ऐसा क्या रक्खा था बनारस की सुबह में
कि इतनी सुबह सुबह विनय दुबे के साथ
धँसता जाता था बनारस की सँकरी गलियों में

चकित था कि बिना एक बार भी अलसाए मैं उठ बैठा
अँधेरे को बुहारना शुरू करती धूप की मुलायम बुहारी तब तक
साइकल रिक्शा पर बैठ हम गौधोलिया चौराहे तक पहुँच गए
हर कहीं रास्ता रोक कर मुँह उठाए खड़े साँड़ों से बचते
और दशाश्वमेध घाट की सीढ़ियाँ उतरते
हमने बनारस के बारे में चर्चित एक पुरानी कहावत को दोहराया

लगभग पच्चीस तीस बरस पहले विनय दुबे ने काशी हिन्दू विश्वविद्यालय में
बिताए थे सात आठ बरस
उनके चेहरे पर विस्मय का भाव कभी-कभी ही आता था
वो नाश्ते के लिए किसी खास व्यंजन की याद करते और फिर याद करते
किसी पुरानी दुकान का नाम और जगह
फिर फुर्ती से किसी गली में मुड़ जाते और ढूँढ़ लेते उस दुकान को
अभी भी बहुत कुछ ऐसा था वहाँ
जो नहीं बदला था पुराना था जाना पहचाना था
बाज़ार के चेहरे को बहुत ज़्यादा नहीं बदल पाया था नया बाज़ार
संकट मोचन की नई दुकानों पर पुराने स्वाद के लड्डू मिलते थे

कितना सुख लगता है इस तरह बरसों बाद भी
किसी दोस्त या शहर के चेहरे में
कुछ जाना पहचाना सा दिख जाने में

थोड़ी अटक के साथ बनारसी बोली बानी में बतियाने की कोशिश करते
विनय दुबे ने भाव ताव करके तय कर ली थी एक नाव
बारिश इस बार लगभग नहीं हुई थी
पानी मटमैला था
मणिकर्णिका घाट पर धू धू करती कोई चिता जलती थी
घाट के पीछे बने पत्थर के गलियारों की दीवार पर
लगता था सदियों की कालिख जमा थी
हरिश्चन्द्र घाट के पास पिछली रात किसी ने आत्महत्या की थी
उसकी लाश अभी पानी में हिचकौले खा रही थी
घाट से बँधी कुछ नावें खड़ी थीं
पास ही कुछ लोग निर्विकार भाव से नदी में डुबकियाँ लगा रहे थे
सूर्य को अर्घ्य दे रहे थे

मृत्यु के प्रति कैसा निर्विकार-सा भाव था
कि बस जीवन ही जीवन था बनारस में
सटकर रगड़ कर निकलता गलियों से

जिधर जाओ उधर ही काँवड़ियों के झुंड दिखते थे
मैं अपनी स्मृतियों की काँवड़ में भर रहा था बनारस की एक सुबह

मैं तालाबों के शहर का नागरिक था इसलिए नदियाँ
मुझे हमेशा ही अपने पास खींचती थीं

पटना या इलाहाबाद में गंगा को देखने से अलग था
बनारस में गंगा को देखना
यह अलग क्या था इसे मैं सिर्फ़ महसूस कर सकता था
पर इसे कह सकने को भाषा नहीं थी !!

6.9.02

विडम्बना

मैं हिन्दी साहित्य का एक अदना-सा विद्यार्थी
मेरी हाय विडम्बना तो देखिए

मैं कामायनी में सवार था
फिर भी जा रहा था प्रसाद के नगर से दूर !

3.10.02

किस्सा उस तालाब का

मैंने मिनरल वाटर की एक बोतल खरीदी और एक अखबार
और प्लेटफार्म पर लगी एक बेंच पर बैठ गया

कोशिश की, बहुत कोशिश की पर उसे जल कह सकने का
पवित्र भाव जागा ही नहीं मन में
और पानी कहता तो गुस्ताखी होती उसकी शान में
पीने से कुछ होठ गीले हुए कुछ गला तर हुआ
पर आत्मा जरा भी नहीं भीगी

वह फ़क़त पानी नहीं था
कि जिसे पी पी कर किसी को कोस लेता
उससे मुँह धोना सम्भव था न कुल्ला करना
वह खरीदा हुआ था और महँगा भी
उसका हर घूँट हलक से उतरते हुए
एक सिक्के की तरह बजता था

अखबार में तालाब के लगातार सूखते चले जाने के
कुछ रंगीन चित्र थे
हाय ! एक पराए शहर के प्लेटफार्म पर इस दृश्य ने
मुझे कहीं का नहीं छोड़ा
अब किसी के सामने किस मुँह से डींग हाँकता
अपने शहर के तालाब की ?
बस इतनी गनीमत थी
कि आदमी तो आदमी जान पहचान का कोई परिन्दा भी
नहीं था आस पास

तालाब के बीच एक जज़ीरा-सा था
जिस पर एक सूफ़ी फ़क़ीर शाह अली शाह का तकिया था
और जहाँ हम अकसर ही नाव से जाया करते थे
तालाब उस जज़ीरे तक सूख चुका था
और दूर तक पपड़ाई हुई ज़मीन नज़र आ रही थी चित्र में
लोग पैदल चलकर जा रहे थे उस टापू तक
एक मेला-सा लगा था सूखे तालाब में
तले हुए पापड़ और हलुआ बिकता था
नातिया कव्वाली गाई जा रही थी मज़ार के पास
अखबार में तफ़सील से बयान किया गया था सब कुछ

उस सूफ़ी फ़क़ीर के बाबत गजेटियर और इतिहास की किताबों में
बहुत ज़्यादा जानकारियाँ नहीं थीं
एक किस्सा लेकिन शहर के पुराने बाशिंदे अकसर बयान करते थे :
कि नवाब यार मोहम्मद खाँ की निकाहशुदा बेगम
जिन्हें माँजी मामोला कहा जाता था
रियासत की गरीब रिआया में बहुत लोकप्रिय थीं
उन्होंने इस्लाम नगर में बनवाई थी एक बहुत बड़ी बावड़ी
और आसमान से चाहे आग बरसे पर उसका पानी
कभी सूखता नहीं था

मामोला बाई जिन्हें प्यार से सब माँजी साहब कहते थे
एक बार ऐसी बीमार पड़ीं
कि रियासत के सारे हकीमों और वैद्यों ने
जवाब दे दिया एक दिन
तब हजार मुँह और दस हजार कानों से होती वह बात
सूफ़ी फ़क़ीर अली शाह को पता लगी एक दिन
तो अली शाह ने आसमान की तरफ़ हाथ उठाए और कहा
लाख मर जाएँ पर लाखों को पालनेवाला सदा जीता रहे !
और अपनी उम्र के दस साल माँजी साहब के नाम कर दिए
फिर अली शाह ने अपने लिए कफ़न मँगवाया
और अपने हुजूरे में जाकर कफ़न ओढ़कर सो गया

एक ताँता-सा लगा था उस सूफ़ी फ़क़ीर की मज़ार पर
लोग पानी की दुआएँ माँग रहे थे

मैं अखबार में छपे फोटो को देखता और ख़बर पढ़ता
बीच-बीच में पपड़ा जाते ओठों को मिनरल वाटर से
गीला कर रहा था

मैं दहशत से भरा एक सूखे तालाब में चल रहा था
मेरे जूतों के नीचे चिन्दी चिन्दी होता
कराह रहा था अखबार
मेरे अन्दर कोई पूछ रहा था लगातार
कब, कब वह पानी देखूँगा
जिसे पानी कहने की तसल्ली हो
और जल कहने से मन भीग जाए !

3.9.02

हमारे समय के बच्चे

ये बच्चे उतने बच्चे नहीं
कि इनमें कभी-कभी ढूँढ़ सकें हम अपना बचपन

इनकी उम्र तो कभी-कभी इनकी असल उम्र से भी
कुछ ज़्यादा ही लगती है
कभी-कभी तो हमसे भी कुछ ज़्यादा
लेकिन नई चीज़ों के बारे में ये हमसे बहुत ज़्यादा जानते हैं
हम जिन तकनीकी उपकरणों के सामने पहुँचते ही
अचकचा कर ठिठक-से जाते हैं कुछ पल
ये बिना किसी हिचक के शुरू कर देते हैं दबाना उनके बटन
न कोई घबराहट न गलती हो जाने की कोई आशंका
विश्वास से भरे हैं इनके चेहरे

इन्हें गल्तियों से बाहर निकलने के सारे रास्ते पता हैं
और जिन रास्तों की इन्हें ख़बर नहीं उन्हें खोज लेंगे ये
तकनीकों का सारा रहस्य ये जानते हैं
इनकी जानकारियाँ हमसे बहुत ज़्यादा हैं

इनकी आँखों में सपनों से ज़्यादा महत्वाकांक्षाएँ हैं
सफलता के सारे गुर इनकी निगाह में है
इनमें बेचैनी नहीं थोड़ी हड़बड़ी हैं
और बहुत जल्दी है इन्हें
इन्हें तेज गतियाँ चाहियें और बहुत तेज रोशनियाँ
बहुत तेज है इनके संगीत की लय

इनके लिए तारीखबदर हो चुकी हैं हमारी सारी जानकारियाँ
हमारी हिचक और हमारा धीमापन
कभी-कभी अजीब-सी झुँझलाहट से भर देता है इन्हें
तब अचानक ये कहते हैं :
ओह ! आप इतना भी नहीं जानते ?
जानकारियों के दर्प की एक खनक सुनाई पड़ती है तब
इनकी आवाज़ में

यह समय सूचनाओं का समय है
सूचनाओं में तब्दील हो रहा है ज्ञान
यहाँ तक कि सच भी अब सिर्फ़ एक सूचना है

इनकी दिलचस्पी तेजी से खत्म हो रही है
समाज, राजनीति या साहित्य जैसे विषयों में
हालाँकि ज़रूरत पड़ने पर इन विषयों को भी
खोज लेते हैं ये इंटरनेट पर उपलब्ध खिड़कियों में
उन्हें लगता है उनकी उँगलियों की पोरों से खुल सकती हैं
दुनिया की तमाम खिड़कियाँ

कभी-कभी कुछ और ढूँढ़ते हुए अचानक हाथ लग जाती है
जब राजनीति या साहित्य की कोई अनहोनी जानकारी
तो अपने कमरे से ही आवाज़ लगाते हैं ये हमें
कहते तो नहीं हैं पर कहना उनके अनकहे में
सुनाई पड़ता है अकसर
लो यह रही तुम्हारी दुनिया
हमारी उँगलियों पर नाचते हैं अब
इस सदी की सारी जानकारियों के जिन्न

इनकी भाषा बदल चुकी है
बदल चुका है इनका पूरा वाक्य विन्यास
अब इनके साथ मिलकर स्वर्ग की मीनार बनाना सम्भव नहीं
ठहर कर सोचना और पीछे मुड़कर देखना
इनकी बनक में नहीं है

इतने आक्रामक आकर्षक और बेआवाज़ हैं इनके जूते
कि किसी स्वप्न के उनके नीचे कुचल जाने की भी
कोई आवाज़ सुनाई नहीं देगी कभी

हमारे समय की इस भयावह फैंटेसी में
किसी अदृश्य दैत्य की उँगली थामे जाते हुए लगते हैं कभी-कभी
हमारे समय के ये बच्चे !

16.1.2000

रैली में स्त्रियाँ

एक व्यस्त सड़क पर वे दो-दो की कतार में चल रही हैं नारे लगाती हुई
सारा यातायात रुका हुआ-सा है
पुलिस के जवान बार-बार उन्हें सड़क के किनारे की ओर धकेल कर
कारों और स्कूटरों के निकलने के लिए जगह बना रहे हैं
वे अपना घर दुआर, चूल्हा चौका और न जाने कितने कामकाज
छोड़कर आई हैं आज
कुछ स्त्रियों की गोद में उनके दूध पीते बच्चे हैं
जो बीच-बीच में कुनमुनाने लगते हैं
कुछ के साथ थोड़े बड़े बच्चे उनकी साड़ी का छोर पकड़कर चल रहे हैं
पैदल चलते बच्चे बीच-बीच में जब थक जाते हैं
तो गोद में उठाने के लिए मचलने लगते हैं
पसीने से भीगे उनके ताम्बई चेहरों को रौंदती थकान के पीछे छिपी
उनकी चिन्ताएँ, दुख और आशंकाएँ बीच-बीच में कौंध जाती हैं

कुछ स्त्रियाँ अपनी छोटी-छोटी बच्चियों को घर पर छोड़कर आई हैं
जिन बच्चियों ने अभी-अभी सीखा है रोटी डालना
एक दुश्चिन्ता मन में हूक की तरह उठती है
और उनकी पनीली आँखों में बार-बार तैर जाती है
कि रोटी सेंकते हाथ न जला लिया हो बेटी ने
कि कहीं बिना बात न पीटा हो बेटी को उनके शराबी पति ने
कि सुबह से ही कहीं कलारी पर न जा बैठा हो उनका आदमी
कितनी ही बातें मथ रही हैं उनके मन को
पर वे चल रही हैं
चल रही हैं रैली में लगातार
नारे लगाती हुई मुट्ठियाँ हवा में उठाती हुई

बगल या पीठ पर से फट चुके अपने पोलकों से बेख़बर

उनका तार कभी-कभी टूट जाता है
कभी-कभी साथ चलते या गोदी में लदे बच्चे की भूख
और थकान का खयाल उन्हें बेचैन कर देता है
रैली जब कहीं रुकती है तो किसी आड़ का सहारा लेकर
भूख से बेहाल बच्चे को वे दूध पिलाने लगती हैं
लेकिन जैसे ही रैली आगे खिसकती है
वे उठती हैं और फिर चलने लगती हैं
नारों के बीच कभी-कभी आपस में बतियाने लगती हैं
अगल-बगल चलती स्त्रियों से

कोई गाने की एक पंक्ति उठाता है
तो वे सुर में सुर मिलाकर गाने लगती हैं
रैली में चलती स्त्रियाँ आसमान की ओर देखकर
समय का अनुमान लगाने की कोशिश करती हैं
कहीं कभी तो कुछ बेहतर होगा उनके भी जीवन में
यही सोचकर घर दुआर छोड़कर इस शहर तक आई हैं ये स्त्रियाँ
थक चुकी हैं बुरी तरह पर थके नहीं हैं उनके हौसले
थकान को परास्त करती उनकी आवाज़
शहर के शोर को बार-बार चीर देती है बीच से

रैली में चलती स्त्री
जैसे ब्रह्मांड में अनथक चलती पृथ्वी को देखना है
बाहर वह जितनी दिख रही है
उससे उसके सपनों और उसके भीतर मची उथल-पुथल का
अनुमान लगाना नामुमकिन है
उसकी आँख में असमय चला आया आँसू
उसकी हार का नहीं
उसके गुस्से का बाँध दरक जाने का संकेत है।

10.8.05

चलना

चलना सीख जाने के बाद चलना कितना आसान काम लगता है
जैसे हमेशा से ही हम इसे जानते रहे हों

पहली बार पाँव चलने की स्मृति किसी के पास नहीं होती
माँ नानी या बहनों से सुने किस्सों से ही हम जान पाते हैं
कि कितने दिनों तक हम घुटने ही चलते रहे
कि पहली-पहली बार किसकी उँगली पकड़कर
हमने कितने डगमगाते हुए रखा था एक-एक कदम
चलने की कोशिश में कितनी बार गिरे और रोए थे
दीवार के सहारे खड़ा कर दिया था बगल की मुँहबोली मौसी ने
और अचानक ही हम चलने लगे थे
खुशी से भर गया था घर और औंधे मुँह गिरने से पहले ही
माँ ने लौक लिया था हमें

लकड़ी की तीन पहियों वाली वो गाड़ियाँ
या प्लास्टिक और स्टील पाइप से बने वाकर देखकर भी
कभी याद नहीं आता कि हमने भी कभी उनका उपयोग किया था
पहली बार हमें चलते हुए देखकर कितनी खुश हुई थी माँ
और कितनी चिन्ता से भर गई थी
दिनभर घर में गूँजता रहता था एक ही वाक्य
देखना वो सीढ़ी की तरफ़ न चला जाए...
देखना कहीं बाहर न निकल जाए सड़क पर...
चलने के बारे में कितनी हिदायतें दी जाती थीं हमेशा
अब कुछ भी याद नहीं
जब कोई बूढ़ी औरत हमारे बचपन का किस्सा छेड़ देती है
जब कोई बताता है कि कितनी मुश्किल से

हमें सिखाया गया पाँव-पाँव चलना
तो कभी विश्वास ही नहीं होता कि धरती कभी
इतनी सख़्त रही होगी हमारे पाँवों के नीचे

एक बच्चे के पाँव चलने के कितने किस्से होते हैं हर एक घर में
कि पहली-पहली बार घर से बाहर सड़क पर चलते हुए
गोदी में उठा लिये जाने को कैसे मचलने लगते थे हम
कि किस तरह उँगली छोड़कर भागने लगते थे सड़क पर
कि एक बार तो साइकिल से टकराते-टकराते बचे थे
कि भागकर अगर न पकड़ लिये जाते
तो बस के नीचे ही आ गए होते
कि चलते हुए हम चलने में ऐसे मगन हो जाते थे
कि अपना सन्तुलन ही नहीं रख पाते थे
हर कहीं टकरा जाते या औंधे मुँह गिर पड़ते
कि हमने कई बार अपने घुटने फोड़े थे

चलना सीख जाने के बाद चलना कितना आसान काम लगता है
कभी याद ही नहीं आता कि किस तरह स्कूल जाते हुए
हर दिन देहरी पार करने से पहले माँ कहती थी
किनारे-किनारे सड़क के एक तरफ़ चलना
अगल-बगल देखकर पार करना सड़क

दुर्घटनाओं की ख़बरें पढ़ते हुए अकसर सोचता हूँ
कितनी कठिन जगह बनती जा रही है धरती
दिनों दिन एक पैदल चलते आदमी के लिए
पहली बार घर से बाहर जाते समय
मुझे हिदायतें देते हुए जितनी डरी होगी माँ
उससे कहीं ज़्यादा आशंकाओं से भरे हुए हैं हम
अपने बच्चों को सड़क पर चलने का कायदा समझाते हुए

धरती पर पैदल चलता आदमी
अब एक सम्मानजनक दृश्य नहीं रहा !

18.1.05

बहन

बचपन में जब बहन अपने ससुराल जाने लगती
तो मैं बाहर जाने वाली सीढ़ियों पर बैठ कर बहुत रोता
मैं उसका बक्सा पकड़ कर लूम जाता और मचलने लगता
मुझे समझाना जब बहुत मुश्किल हो जाता
और डाँट का भी मुझ पर कोई असर नहीं होता
तो लालच दिया जाता और मैं अकसर उसमें फँस जाता
दो पैसे की पीपरमेंट की गोलियों के लालच में
मैं नुक्कड़ की दुकान तक भाग जाता
और इसी बीच बहन चुपके से ताँगे में बैठ कर चली जाती

शादी से पहले वो ही मुझे स्कूल के लिए तैयार करती
हर दिन वह अलग-अलग ढंग से मेरे बाल ओंछती
माँ यह काम कभी नहीं कर पाती
वह रहती थी तो मुझे पहाड़े लिखने में मदद करती
कभी-कभी तो वह खुद ही मेरे पहाड़े लिख दिया करती
तेरह के पहाड़े पर आकर मेरी गाड़ी हमेशा अटक जाती
और उसके बाद के तो ज़्यादातर पहाड़े कठिन होते
गणित वाले महेश माटसाब से मुझे बहुत डर लगता था
वो उँगलियों में पेन्सिल फँसा कर जब उन्हें दबाते
तो मेरी चीख निकल जाती
मैं बहुत देर तक अपनी उँगलियाँ सहलाता रहता
और बहन के चले जाने पर तब मुझे और ज़्यादा गुस्सा आता
मैं कभी नहीं समझ पाता था कि जब सारे लोग घर में रहते हैं
तो एक बहन ही बार-बार क्यों चली जाती है

मेरे जन्म के बारे में एक किस्सा अकसर सुनाया जाता
कि जब मैं पैदा हुआ तो चिल्ला-चिल्ला कर
वो ही सारे मुहल्ले को बता आई थी
कि भैया हुआ है...
कि उसीने मेरे पैदा होने पर थाली बजाई थी
वह रहती थी तो लगता था कि मैं सुरक्षित हूँ
किसी भी बात पर डाँट या मार पड़ने पर वह कहीं न कहीं से
प्रकट हो जाती और मुझे पकड़ कर ले जाती

शुरू-शुरू में ससुराल जाने से कुछ देर पहले ही
उसका रोना शुरू हो जाता
देहरी पर वह माँ के गले लग कर बहुत जोर से रोती
माँ को समझाने वाली स्त्रियाँ बार बार यही कहतीं
बेटियों को तो जाना ही होता है कि वे पराया धन हैं
मैं इन वाक्यों के बार-बार हिज्जे करने की कोशिश करता
पर कभी कुछ भी समझ नहीं पाता

न जाने उसके भीतर इतना रोना कहाँ छिपा हुआ था
कि वह कभी भी रो सकती थी
जबकि सब उसको हँसने पर टोकते रहते थे
दिन जैसे-जैसे बीतते गए उसका रोना कम होता गया
पता नहीं कब मैंने अपने बाल अपने आप ओंछना सीख लिया
कब मैं अपने पहाड़े अपने आप लिखने लगा
कब ससुराल बहन का अपना घर हो गया
फिर एक दिन उसकी गोद में उसका बच्चा सोने लगा
फिर वह अपने बच्चों को स्कूल जाने के लिए
तैयार करने लगी
उनका होमवर्क करवाने लगी
पता ही नहीं चला कि कब
मैं उसके बगैर रहना सीख गया

अब एक ही शहर में रहते हुए

मैं उससे फोन पर बात करता हूँ
कभी कभी बचपन के किस्से निकल आने पर
वह हँसती है और मैं भी
कुछ झेंपता हुआ-सा हँसता हूँ।

6.1.05

बेटी की बिदाई

वे तीनों अलग अलग शहरों से चौथे दोस्त की बेटी के ब्याह में आए थे
और कई दिनों बाद इस तरह इकट्ठे हुए थे

इस समय जब दोपहर लगभग ढल रही थी
तीनों घर के सामने एक पेड़ की छाँव में
बैठे हुए थे
और चौथे की बेटी की बिदाई हो रही थी

अभी कुछ देर पहले तक वे हँस रहे थे और आपस में बतिया रहे थे
अब चौथे की बेटी लगभग घर के दरवाज़े पर आ पहुँची थी
और रस्म के अनुसार कोई मखाने और पैसे फेंक रहा था
बेटी कभी माँ के और कभी भाई के गले लग कर
रो रही थी
चौथा उसे अपनी एक बाँह के घेरे में लिया था
वह अपने को संयत रखने की भरसक कोशिश कर रहा था
पर उसके आँख की कौरें बार बार भीग जाती थीं
वह रूमाल को चश्मे के कोनों के पास लाकर
चुपके से उन्हें पोंछ लेता था
वह घर के सामने बैठे तीनों दोस्तों की ओर
देखने से बच रहा था

तीनों दोस्त एकाएक चुप से हो गए थे
जैसे अचानक उनकी सारी बातें खत्म हो गई हों
इनमें से एक की बेटी का ब्याह दस दिन बाद था
और दूसरे की बेटी का ग्यारह दिन बाद

थोड़ी देर पहले दोनों इसी बात पर अफ़सोस कर रहे थे
कि वे शामिल नहीं हो पाएँगे एक दूसरे की बेटी के ब्याह में
तीसरे की बेटी अभी कॉलेज में पढ़ रही थी

चौथे की बेटी लगभग घर की देहरी तक आ चुकी थी
तीनों दोस्त बीच बीच में चौथे की तरफ़ देखते थे
चौथा तीनों से अपनी आँख चुरा रहा था
तीनों में जो सबसे ज़्यादा अनुभवी था कह रहा था
कि अभी तो चौथा अपने को बहुत सँभाले हुए है
लेकिन बिदा के बाद इसे सँभालना होगा

तीनों दोस्त चुप थे
और एक दूसरे से अपना रोना छिपा रहे थे
तीनों एक दूसरे से नज़र चुराते हुए किसी न किसी बहाने
चुपचाप पोंछ लेते थे बार बार भीग जाती
आँखों की कौरों को
चौथे की बेटी की बिदाई में देख रहे थे तीनों
अपनी अपनी बेटी को बिदा होते

तुमने देखा है कभी
बेटी के जाने के बाद का कोई घर ?

जैसे बिना चिड़ियों की सुबह
जैसे बिना तारों का आकाश

बेटियाँ इतनी एक-सा होती हैं
कि एक की बेटी में दिखती है दूसरे को अपनी बेटी की शक्ल

चौथे की बेटी जब बैठ कर चली गई कार में
तो लगा जैसे ब्रह्मांड में कोई आवाज़ नहीं बची

एकाएक अपनी उम्र लगी हम सबको
अपनी उम्र से कुछ ज़्यादा।

सपनों की करतूत

सपने से बाहर आकर भी उसे यह तो याद था कि सपने में
कल वह मेरे घर आया था रिक्शे पर बैठ कर
उसकी पत्नी भी उसके साथ थी
उसने कहा कि मैं बरसों बाद तुम्हारे घर आया था
इसलिए घंटी बजाते हुए झिझक रहा था
दरवाज़े पर ही ठिठक कर मैंने तुमसे पूछा था
क्या मैं अन्दर आ सकता हूँ ?
फिर उसने मेरी तरह अपने कन्धे उचकाए, थोड़ा हँसा
और मेरी नकल उतारते हुए बोला
अरे आइए...आइए...कैसी बात करते हैं आप भी

उसने कहा कि सपने में उस दिन उसने मेरे घर पर
चाय पी और मठरियाँ भी खाईं
फिर आदतन उसने बात को थोड़ा और खींचा
कि अभी भी मुँह में बचा हुआ है सपने में खाई
उन मठरियों का स्वाद।
उसने कहा कि तुम हरे रंग की चौखानेवाली कमीज़ पहने थे
और हमेशा की तरह तुमने आस्तीन चढ़ा रखी थी
मैंने कहा कि सपनों में रंग नहीं होते ऐसा कहा जाता है
शायद हम रंगों को महसूस करते होंगे
जैसे ध्वनियों को।
उसने सिर को थोड़ा झटका दिया और बोला
जो हो इससे क्या फर्क पड़ता है...
उसने कहा हमने सपने में बहुत सारी बातें की थीं
दिनभर से मैं उन बातों को याद करने की कोशिश कर रहा हूँ

पर मजाल है कि एक बात भी याद आ जाए
कोई सिरा ही पकड़ में नहीं आ रहा है किसी बात का

होता है ऐसा तो अकसर ही होता है
मैंने कहा और फिर मैं उसे अपने सपने का एक किस्सा सुनाने लगा
सपने में एक रात मैंने भी एक कविता लिखी थी
सपने में ही मैंने अपने भुलक्कड़ होने के बारे में सोचा
सपने में एक और सपना था
उस सपने में मैंने सोचा कि कविता को कहीं न कहीं
टीप लेना चाहिए
वरना सुबह तक मैं ज़रूर भूल जाऊँगा इस कविता को
मैं अपने सपने से निकलकर
सपने के भीतर जो एक और सपना था उसमें गया
वहाँ मैंने काग़ज़ और पेन्सिल ढूँढ़ी
और कविता को टीप लिया
लेकिन उस सपने से अपने सपने में आते हुए
मैं वह काग़ज़ लाना भूल गया
जिस पर कविता लिखी थी

सुबह मुझे एक शब्द भी याद नहीं था उस कविता का
बस इतना भर याद था
कि सपने के भीतर जो सपना था
उसमें वह काग़ज़ कहीं रखा था
जिस पर आड़ी तिरछी लिखावट में टीप ली थीं
मैंने सपने में आई कविता की पंक्तियाँ

इस किस्से के छोड़े हुए सूत्र को पकड़ कर
उसने फिर कहना शुरू किया

मैंने रिक्शे को बाहर ही खड़ा रखा था
मैं उसी से वापस भी लौटा था
उसने कहा मैंने तुम्हारे नए कविता संग्रह के लिए

एक नाम भी सुझाया था
वापस लौटते हुए बल्कि पत्नी ने रास्ते में कहा भी था
कि देखना नए संग्रह का वो ही नाम रखा जाएगा
जो तुमने सुझाया है
पर वह नाम क्या था उसे बिलकुल याद नहीं था

कितनी अजीब है सपनों की ये करतूत
चलते-चलते उसने कहा :
जो सबसे अच्छी और ज़रूरी बातें होती हैं
सपने उन्हीं को चुरा कर छिपा लेते हैं हमसे
पहले दिखाना और फिर चुरा कर छिपा लेना
कुछ-कुछ प्रेमिकाओं जैसी हरकत करते हैं सपने
और अभी तक कोई भी ऐसी तरकीब ईजाद नहीं हुई
कि हम वापस उन सपनों में लौटकर जा सकें
और ढूँढ़कर ला सकें
अपनी छूट गई चीज़ें और कविताएँ
जिन्हें हमने सपने में लिखा था !

8.10.99

अनकही रह गई बातें

फ़ज़ल ताबिश की स्मृति में

कितनी ही बातें थीं जो मुझे उससे कहना थीं !

मैं टालता रहा कि किसी दिन फुरसत से बैठकर
करूँगा उससे जी भर कर बातें
पर वह दिन आया नहीं और दूसरा दिन आ गया
और दूसरे दिन जब मैं उसके घर पहुँचा
तो उसने न कोई बात की न सुनी
वह बिस्तर से ही नहीं उठा

वह लेटा हुआ था चुपचाप
और उसके आसपास की हवा स्त्रियों की सिसकियों से भरी थी

उन बातों का अब मैं क्या करता
जो न अब मेरी बची थीं और न उससे कह पाया था जिन्हें
छठी उँगली की तरह जो जब तब गड़ती थीं
मेरी नींद में

मैंने तंग आकर एक दिन उन बातों को एक सूखे पेड़ के
खोखल में रख आना चाहा। लेकिन वहाँ एक साँप
रहता था
साँप ने पूछा : क्या तुम्हें लगता है कि किसी ऐसी बात के साथ
जो अब किसी की भी नहीं है, एक साँप
रह सकता है ?
साँप तो एक वक़्त के बाद अपने केंचुल तक उतार कर
फेंक देते हैं

मैं उन बातों को एक पहाड़ के पास ले गया
तो पत्थरों ने मुझे बाहर ही रोक कर कहा : सुनो
हम बातों के फासिल्स नहीं बनाते

हवा के बारे में मेरा ख्याल था कि शायद
वह उन्हें अपने साथ ले जाने को राजी हो जाएगी
लेकिन हवा ने तो देखते ही मुंडी हिला दी, बोली
मेरी पोशाक में तो एक भी जेब नहीं
सूखी पत्तियाँ और परिन्दों के छोड़े हुए पंख भी
मैं कभी अपने पास नहीं रखती

कोई नहीं था जो दूसरों के अनकहे को ढोता
जो कही जा चुकीं एक दूसरे से
उनसे कहीं ज़्यादा बड़ी थी अनकही बातों की संख्या

अब वहीं कहीं रहना था
उन अनकही रह गईं बातों को भी !

24.3.02

किस्सा काली धोबन का

आधी रात गए जब सूनी हो जाती हैं सारी सड़कें और गलियाँ
मैं उस काली धोबन की गली से गुजरता हूँ

सारे धोबी काम खत्म करके जा चुके होते हैं अपने घर
और घाट के पत्थरों जैसा सन्नाटा पसरा होता है रात की छाती पर
वह आती है सिर से पाँव तक झींगुरों की आवाज़ से बनी
खामोशी की चादर ओढ़े
दिनभर के काम, अपराध और अन्याय से गन्दे हुए कपड़ों को
पोटली से एक-एक कर निकालती है

स्याह रात में आवाज़ों का पीछा करती मेरी आँखें ढूँढ़ती हैं उसे
लेकिन वहाँ सिर्फ़ खामोशी है और आवाज़ें हैं
एक दूसरे से कानाफूसी करती हुई
तट से लहरों के टकराने की आवाज़ें
पानी के उछलने और गिरने की आवाज़ें
कपड़ों के पछीटे जाने और साँसों के ऊपर नीचे आने की आवाज़ें

खामोशी और आवाज़ों को लाँघती काली धोबन
समय को विभाजित करते एक लम्बे पतले से तार पर
फैला देती है बड़ी-बड़ी सफेद चादरें और रंग बिरंगे कपड़े
फिर चाँद के पत्थर से वह अपनी एड़ियाँ रगड़ती है
रंगों के अचानक प्रकट होने से पहले ही
सामने के तट से आता है भूरा मल्लाह
और उसे नाव पर बिठाकर ले जाता है

ठिठोली करती काली धोबन जाते जाते गुदगुदा जाती है
सारी चिड़ियों को

उसका पीछा करने की नाकाम कोशिश करता हर बार
मैं एक दिन के उजाले में गिरता हूँ अचानक
जहाँ उसकी परछाईं भी नहीं

किस्सों के पीछे भागता हूँ
और अभी-अभी जागे लोगों की आँखों में ढूँढ़ता हूँ
उसके पाँव के निशान।

3.11.04

नहीं कहना

वह जाने क्या-क्या कुछ बोले जाते थी लगातार
बहुत जल्दी-जल्दी

डरती थी कि बोले जाने के बीच चुप की जरा-सी सन्ध बनी नहीं
कि उछक कर वह सब कुछ आ जाएगा बाहर
इतने जतन से जिसे छिपाने की कोशिश करती थी वह
जाने कब से

इस बकबक की आड़ में ही छिपा था कहीं
बरसों से उसके अन्दर का घुमड़ता रोना
शब्दों की भाषा पर कुछ ज़्यादा ही भरोसा था उसे
हालाँकि यह उतने भरोसे की चीज़ नहीं थी

वह कुछ कहती थी पर उसकी आँखें कुछ और
न जाने कैसे इस बात को भी वह जान जाती थी
तब धीरे से आँख बचाकर वह ज़मीन की तरफ़
या कहीं किसी सूने कोने में देखने लगती थी
शायद उसे पता नहीं था कि ऐसा करना भी
कुछ अनकहे को कह देता है
त्वचा की थरथराहट का भी एक अर्थ है
उँगलियाँ और हाथ जो सबसे ज़्यादा बोलते हैं
उसके शब्दों से बाहर हिल रहे थे

खिड़की के पल्ले पर बैठी चिंचियाती चिड़िया को
वह बीच-बीच में डपट देती थी कि चुप कर

जैसे उससे कहती हो या मन ही मन अपने आप से
कि क्या मैं जानती नहीं
इस चखर-चखर के पीछे छिपा है
तेरा कितना रोना

अपने दुख को इसी तरह छिपाना सीखा था उसने
इतने बरसों में

जितनी उसकी उम्र थी।

27.5.03

लहसुन की कली

वह रसोईघर में काले पत्थर के प्लेटफार्म के सामने खड़ी
लहसुन से अलग की गई कली को अपने अँगूठे से दबाती है
धीरे-से सिलवटों से भरे छिलकों को अलग करती है
थोड़ी-सी उचककर बाहर आती है
लहसुन की चिकनी कली
जैसे अलस्सुबह दूज का चाँद

वह अपने कमरे में जाती है और चादर की सिलवटें दूर करती है
भिनसारे के तारे की तरह एकाएक चमकती है
उसकी नाक की लोंग
फिर अपना तौलिया उठाकर भाप से भरे गुसलखाने में घुस जाती है
बाहर रेडियो पर एक गीत बज रहा है
जिसे गुनगुनाते हुए वह दोहराती है
पानी के बिखरने की आवाज़ों के साथ-साथ
एक ही गीत दो सुरों में कमरों में फैलता है धीरे-धीरे
रात के छिलकों को उतारकर बाहर आती है
एक गुनगुनी सुबह
दीवार घड़ी अपना कारोबार शुरू करती है
ट्रम्प कार्ड की तरह गिरता है एक भरापूरा दिन
नीम का पेड़ गौरैयें सीढ़ियाँ और चीज़ें प्रकट होती हैं
जैसे उन्होंने अभी-अभी जन्म लिया हो

धूप और छाँव की सन्धि रेखा पर रखी कुर्सी पर बैठा
उस स्त्री का पति अपने कोलेस्ट्राल को सन्तुलित करता
लहसुन की कलियाँ चबा रहा है

और स्त्री के एक छोटे-से शंख जैसे अँगूठे के दबाव को
अपने होंठों पर महसूस करता
मन ही मन मुस्कुरा रहा है।

16.8.04

मेरे भीतर एक स्त्री रहती है

मेरे भीतर एक स्त्री रहती है
वो हमेशा ही कुछ न कुछ कहती रहती है

कितनी भी सतर्कता बरतूँ पर एक न एक गलती वह ढूँढ़ ही लेती है
ओह ! आज फिर तुमने वाश बेसिन पर दाढ़ी काटी न
अब ये बाल नाली में फँस जाएँगे फिर बन्द हो जाएगी नाली
पिछले हफ्ते ही कितनी मुश्किल से इसे साफ किया था
यह पेड़ भी न, नाक में दम कर डाला है इसने
आज फिर सारे आँगन में पत्तों को बिखरा दिया है
आँगन बुहार-बुहार कर पागल हो गई हूँ मैं
पेड़ का गुस्सा भी वह मुझी पर निकालती है
अखबार के ढेर पर जमी धूल झाड़ती है बड़बड़ाती है
कितने अखबार जमा कर रखे हैं तुमने
छाँटते क्यों नहीं, रद्दी में क्यों नहीं बेच देते इन्हें

ये खिड़कियाँ क्यों बन्द कर रखी हैं तुमने
कमरे में कितना अँधेरा है और कितनी बेचैनी
मैं क्या-क्या देखूँ और क्या-क्या समेटूँ
मेरे किसी जवाब की उसे ज़रूरत नहीं
वह साफ की गई जगह पर अपने स्पर्श
और बोलने को रखती जाती है
कि उसके कहीं जाने के बाद भी वह उतनी ही बनी रहती है
हर जगह हर वक़्त

इस घर में कभी कोई चीज़ ठीक ठिकाने पर नहीं रहती

तुमने फिर गीला तौलिया बिस्तर पर छोड़ दिया
उतारे हुए कपड़े खूँटी पर क्यों नहीं टाँगते
कैसी सीली-सीली बास भर जाती है कपड़ों में
यह चाँद यहाँ छिपाकर क्यों रखा है तुमने
देखो कितनी धूल जम गई है इस पर
और इसका वो हाला कहाँ है
किताबों के पीछे छिपाकर क्यों रख रखे हैं
इतने बादल इतनी नदियाँ इतनी नावें
और ये सिगरेटें

कितने आलसी होते जा रहे हो तुम
अपने जूतों को देखो
बरसों से इन पर तुमने पालिश नहीं किया
पिछली बरसात की मिट्टी चिपकी है अभी तक इन पर

जितनी देर घर में रहती है
बस कुछ न कुछ बोलती ही रहती है हमेशा
कि वह हो न हो
घर के हर कोने में बचा रहता है
उसका बोलना !

27.4.04

मुलाकात

मुझे लगता था कि मेरी ही पसलियों से बनाई गई है वह औरत
मुझसे ही प्रेम करने के लिए

लेकिन मुझे धोखा देकर एक दिन
वह मेरे रक़ीब के साथ भाग गई

कई दिनों तक मैं बहुत उदास रहा और
दिलीप कुमार की देवदास मैंने तेईस बार देखी
टाकीज़ का गेटकीपर भी मुझे पहचानने लगा था
कभी-कभी तो वह मेरा टिकिट फाड़े बिना ही
मुझे अन्दर जाने का इशारा कर देता
उन्हीं दिनों मुझे सिगरेट पीने की लत लग गई

फिर कई बरस बाद एक दिन वह मिली
उसके बच्चे बड़े हो चुके थे
उसने बताया कि वह अपने लड़के के लिए
लड़की देखने आई है इस शहर में
उसके बाल पकने लगे थे जिन पर लगी मेहँदी
बीच-बीच में धूप में चमक जाती थी
देह पर एक थकान ने कब्ज़ा कर लिया था

फिर उसने आँखों में कुछ पुरानी शरारत को समेटकर कहा
तुम अभी भी बिलकुल वैसे ही हो
हालाँकि मैं अब बिलकुल वैसा नहीं था
जैसे को याद करते हुए

उसने बोला होगा वह वाक्य
फिर भी उसके कहने ने कहीं मुझे छुआ
और कहीं कुछ हुआ मेरे भीतर

फिर उसने कहा कि शादी के बाद
मुझे एक दिन यूँ ही तुम्हारी बहुत याद आई
यह सोच-सोचकर मुझे बहुत दुख होता था
कि मैंने जबरन ही तुम्हारा दिल दुखाया
पर सच कहूँ तुम इतने आवारा और लापरवाह थे
कि लगता ही नहीं था कि तुम ज़िन्दगी में कुछ कर पाओगे

हम औरतों के दिमाग में बचपन से ही
इतने डर बैठा दिए जाते हैं
कि जीवन में अकसर हम एक सुरक्षित कोना ढूँढ़ लेना चाहती हैं
सच जानो औरतें उतनी व्यावहारिक होती नहीं हैं
जितनी वो दिखने की कोशिश करती हैं

फिर वह हँसी
एक ऐसी हँसी जिसमें दूर तक एक उदासी फैली थी
चलते-चलते एक बार फिर उसने मेरी आँखों में देखा
और थोड़ी शरारत समेट कर कहा
यूँ पहले प्यार का असफल हो जाना ज़्यादा बुरा नहीं होता
एक मीठी-सी टीस तो बनी रहती है
उम्र भर मन में !

19.6.03

जादूगरनी

बुलाने से उसके इतने पास आ जाते थे बादल
कि हाथ बढ़ाओ और छू लो
उसके कहने से पानी बरसने लगता था कि हथेली बाहर निकालो
तो भीग जाए
उसके कहने से परिन्दे बिना हिचक कन्धों पर आकर बैठ जाते थे

वह जादूगरनी थी। यूँ ही नहीं कहते थे कहने वाले
कि मोहन का दिल उसकी मुट्ठी में बन्द है

मोहन उस जादूगरनी की उँगलियों पर नाचता है
और यह मुहावरे में नहीं था
गपोड़ियों के इस अद्‌भुत शहर में ऐसे भी कई लोग थे
जो दावा करते थे कि उन्होंने अपनी आँखों से देखा है
मोहन को जादूगरनी की उँगलियों के पोरों पर नाचते हुए

फिर एक दिन ऐसा हुआ कि
वह जादूगरनी अचानक कहीं गायब हो गई
और गायब हुई तो ऐसी कि जंगल छाने पर्वत ढूँढ़ा
पर कहीं दूर-दूर तक उसका अता-पता न मिला
मोहन ऐसा बावला हुआ कि उसी को ढूँढ़ता रहता था
दिन रात !

मोहन बालों में कंघी करना भूल गया, दाढ़ी बनाना भूल गया
कभी-कभी तो वह अपने पेन्ट की जिप बन्द करना भी भूल जाता
वह अचानक आधी चाय छोड़कर भाग जाता

वह सिगरेट बुझाना भूल जाता और कई बार
उसकी उँगलियाँ जल जातीं
वह सारा दिन और आधी रात तक किसी इंटरनेट कैफे में
कम्प्यूटर पर अपना मेल देखता रहता
खीजता और बुदबुदाता रहता...
कि उसके पास मेरा ई-मेल आई डी भी है
चिट्ठी न लिखती तो न लिखती पर
कम से कम एक मेल तो कर ही सकती है वह...!

यह ऐसा समय था जब चिट्ठियाँ लिखने का चलन
लगभग खत्म हो चुका था
और उस तरह के किस्से अब कहीं सुनने को नहीं मिलते थे
कि फलाँ लड़की और उसके प्रेमी के प्रेम-पत्र
एक दिन उनके घरवालों ने पकड़ लिए
प्रोद्यौगिकी से मिली निजता ज़्यादा सुरक्षित थी
और ज़्यादा जटिल
उसमें ताक-झाँक करना बहुत आसान नहीं था
उसके अपने कूट संकेत थे

●

एक दिन की बात है
मोहन एक इंटरनेट कैफे से जब बाहर आया
तो वह पागल हो चुका था
कैफे वाला उसे लगातार आवाज़ दे रहा था
पर मोहन के कान किसी भी आवाज़ को नहीं पहचानते थे
उसे नहीं पता था कि कौन किसको पुकार रहा है
इस दुनिया में
उसे नहीं पता था कि मोहन किस चिड़िया का नाम है

मैं महीनों शहर से बाहर रहा
पता ही न चला कि मेरे पीछे क्या कुछ घट गया इस शहर में
सारी ख़बरों को इकट्ठा करने और तरतीब देने में

कई दिन लग गए मुझे
एक दिन अचानक एक चौराहे पर मुझे मोहन दिखा
उसके एक हाथ में इंगलिश की कोई मोटी-सी किताब थी
और दूसरे में एक छोटी-सी छड़ी
मैंने उसे कई बार आवाज़ दी पर वह कुछ नहीं बोला
वो अचानक किताब में कुछ देखने लगता
और फिर छड़ी को घुमाकर जादू-सा करता था
उसके होंठों से बाहर आती बुदबुदाहट में
सिर्फ़ एक शब्द कभी-कभी पकड़ में आता था
जादूगरनी !
दोस्तों में कोई नहीं जानता था कि वास्तव में उस दिन
हुआ क्या था ?

●

एक दिन एक-एकदम अपरिचित आदमी मुझे मिला
उसने कहा आप मुझे नहीं जानते होंगे पर मैं आपको जानता हूँ
और मैं मोहन को भी थोड़ा बहुत जानता था
सच पूछिए तो मैं उस समय कैफे में ही था
जब वह हादसा हुआ
मैं भी बगल के कम्प्यूटर पर अपना मेल चैक कर रहा था
तभी मैंने झाँक कर देखा
बगल के कम्प्यूटर पर वह किसी लड़की से चिटचेटिंग कर रहा था
मैं बीच-बीच में आँख बचाकर उधर झाँक लेता था
लड़का उसे जादूगरनी कहता था
वह जो भी लड़की थी, होगी बहुत दिलचस्प

वह कह रही थी :

तुम्हें यक़ीन नहीं होगा पर मैं मर चुकी हूँ
मुझे कई दिन से लग रहा था कि तुम मुझे ढूँढ़ रहे होगे
मैं जानती हूँ तुम बहुत ज़िद्दी हो और सिरफिरे भी
तुम इसी तुफ़ैल में अपनी सारी उम्र निकाल दोगे

फिर एक दिन जब तुम्हें सच्चाई मालूम होगी
तो तुम्हें अफ़सोस होगा

हालाँकि मैं मर चुकी हूँ और यह बात बताने के लिए
मुझे क्या-क्या करना पड़ा यह तुम कभी नहीं समझ पाओगे
एक दिन मैं वापस अपने कमरे में गई
गनीमत यह थी कि मेरी डायरियाँ अभी तक वहीं थीं
और पूरी तरह से सुरक्षित थीं
किसी तरह उनसे तुम्हारा ई मेल एड्रेस ढूँढ़ा
सारे नियमों को ताक पर रखकर
मुझे यह सब करना पड़ा
मुझ पर यकीन करो और मुझे विदा दो कि मैं मर चुकी हूँ
विदा दो !

उस आदमी ने कहा कि मोहन को उसकी बात पर
यक़ीन ही नहीं हो रहा था वह हँस रहा था
अब यक़ीन करने लायक बात हो तो कोई यक़ीन भी करे
हालाँकि जिन बातों पर लोग कई बार यक़ीन कर लेते हैं
उनमें से हजारों बातें यक़ीन के काबिल नहीं होतीं
मैंने उसे बीच में ही रोककर पूछा :
फिर...फिर क्या हुआ ?
फिर एकाएक उधर से संदेश आना बन्द हो गया
उसने कहा
मोहन कुछ देर तक कम्प्यूटर पर लड़ता रहा
फिर वह गुमसुम हो गया
फिर वह हँसने लगा
और फिर कैफ़े से बाहर भाग गया

चलते-चलते उस आदमी ने कहा
लैला मजनू और शीरी फरहाद से लेकर आज तक
सारी प्रेम कहानियाँ तकरीबन एक जैसी ही होती हैं
कुछ पात्र बदल जाते हैं कुछ विवरण...बस्स...

अब इस किस्से पर कौन यक़ीन करता
सो किसी ने नहीं किया यक़ीन
मोहन तो पहले ही पागल हो चुका था
वो किसी को क्या बताता
लोग जो यह किस्सा सुन चुके थे
दूसरों को एक गप्प की तरह सुनाते थे इसे

किस्सा ही ऐसा था कि न सुनानेवाला यक़ीन करता था
न सुननेवाला

लेकिन ऐसे भी लोग थे जो जादूगरनियों के अस्तित्व में
विश्वास करते थे
जादूगरनियों के दर्जनों किस्से थे उनके पिटारे में
जिन्हें वे पूरे यक़ीन से सुनाते थे
कभी-कभी तो इस तरह कि जैसे उन्होंने खुद
अपनी आँख से देखे हों जादूगरनियों के कारनामे
हालाँकि ज़्यादातर लोग इसे सिर्फ़ दिमागी शगल मानते थे
और हँसते हुए आगे बढ़ जाते थे

होने को कुछ भी हो सकता था
हो सकता है किस्से में बहुत थोड़ा सच हो
और बाकी सब गप्प
हो सकता है सिरे से मनगढ़न्त हो पूरा किस्सा ही
हो सकता है, हो सकता है
पर तरह-तरह की नफ़रतों से भरे इस बर्बर समय में
प्रेम का एक मनगढ़न्त किस्सा कहने में हर्ज ही क्या है ?
प्रेम के हर झूठे सच्चे किस्से के लिए मन करता है
जोर से चिल्लाकर कहूँ बार-बार

मुकर्रर...इरशाद !!

25.6.03

सूरीनाम के आकाश में चाँद

उसने कहा उधर देखो आकाश की तरफ़
देखो यहाँ चाँद कितना नीचे लटका है

भारत में यह इतना नीचे कभी नहीं लगता
सूरीनाम में चाँद इतना नीचे लगता है
कि लगता है एक लम्बी नसैनी लगाकर
उसे छुआ जा सकता है

मैंने स्वगत में कहा, सिर्फ़ हाथ बढ़ाकर
पर प्रकट में कुछ बोला नहीं

उसने कहा कि यह जगह भूमध्य रेखा के पास है
और यहाँ धरती थोड़ी उठी हुई है
यह अचानक घिर आए बादलों का देश है
यहाँ कभी भी बरसात आ जाती है अचानक
हवा में थोड़ी उमस बनी रहती है अकसर
केसीनों में लोग जुआ खेलते रहते हैं देर रात तक

फिर उसने एक दार्शनिक उक्ति की तरह कहा
जीवन भी एक जुआ ही तो है !

फिर उसने एक फल मेरी हथेली पर रख दिया
और कहा :
यहाँ के फल बहुत मीठे और रसदार है !

7.6.03

आधा वृत्त

दोनों हाथों को पूरा फैलाकर भी
आधा ही वृत्त खींच पाता हूँ हाथों के बीच
कि पूरे प्यार को आधा ही कह पाता हूँ हर बार

आधा वृत्त जो पीठ के पीछे बच जाता है
जिसे हाथों से नाप नहीं पाता
वह धरती के आधे हिस्से का अँधेरा है
एक अधूरा सपना और एक अधूरी इच्छा

वह मेरा आधा तकिया नहीं
कि जिसमें तुम्हारे केशों की खुशबू बसी हो
स्वर्ग से निष्कासित होने से पहले खाया गया
आधा सेब भी नहीं कि जिसमें तुम्हारे होठों का कम्पन
और तुम्हारे दाँतों के निशान हों

इस आधे वृत्त को पूरा करने ही
बार-बार तुम्हारे पास आता हूँ
तुमसे अलग होकर हर बार
आधा रह जाता हूँ !

12.10.03

चाँद भरोसे की चीज़ नहीं

इस चाँद के हँसिये से सब्जी मत काटो
बहुत तेज है इसकी धार
जरा नज़र चूकी तो उँगली कट जाएगी

उँगली कट जाएगी तो
तुम्हारे खून के कतरे
आसमान पर टपकेंगे

इस चाँद के चूड़े को जूड़े में मत खोंसो
बहुत तेज है इसकी मार
मन में उठेगा ऐसा ज्वार
लहर बहाकर ले जाएगी कहीं
और रेत पर तुम्हारे पाँव के निशान
तुम्हें ढूँढ़ेंगे

चाँद भरोसे की चीज़ नहीं !

24.12.04

जरिता के बच्चों की कहानी

चारों ओर आग ही आग थी
धू धू करता जल रहा था खांडव वन
पिता मनुष्यों की अपनी दुनिया में लौट चुके थे
वे ऋषि थे हमें पैदा करने को ही आए थे पक्षियों की योनि में
जाते-जाते उन्होंने अग्नि से मनुहार की थी कि वह रक्षा करे हमारी

गर्म हवा के झोंके बार-बार झुलसा रहे थे हमारी नर्म त्वचा
हम अभी-अभी आए थे अपने अंडों से बाहर
उगे नहीं थे अभी हमारे पंख
हम चार थे और भर नहीं सकते थे एक छोटी-सी भी उड़ान
जरिता जो हमारी माँ थी उड़-उड़कर ढूँढ़ रही थी
कोई ऐसी जगह कि जहाँ आग की पहुँच से बचा सके हमें
वह ऋषि नहीं थी कि प्रार्थना करती
और छोड़कर कहीं चली जाती हमें
असहाय-सी वह भी झुलस रही थी उसी आग में
जो जला डालने पर आमादा थी आज सब कुछ को

एक ऐसे पागलपन की तरह फैल रही थी आग
कि व्यर्थ हो चुकी थीं सारी प्रार्थनाएँ और सारे विचार
हमने कहा था कि माँ तुम उड़ सकती हो, तुम उड़ जाओ
चली जाओ इस आग से दूर कि तुम जन्म दे सकती हो
अभी और भी बच्चों को
लेकिन वह माँ थी ऋषि नहीं कि चली जाती दूर
इस दुर्विनीत समय में भी उड़-उड़ वह खोज रही थीं
कोई सुरक्षित कोना लगातार

तभी उसे दिखाई दिया चूहे का वह बिल
पेड़ की जड़ों के करीब
समय से परे जैसे वह कोई ऐसी खोह थी
कि जहाँ निषिद्ध हो काल का प्रवेश
वह चाहती थी कि हम उस बिल के भीतर चले जाएँ
और तब धूल से बन्द कर देगी वह उस बिल का मुँह
उसे लगा होगा कि मृत्यु देख नहीं पाएगी इस तरह हमें
पर एक प्रश्न था जो मन को बेचैन करता था बार-बार
कि जिस तरह आकाश में आग है
क्या बिलों में नहीं होंगे चूहे ?
आग में झुलस कर मरने से
क्या बेहतर है चूहों का भोजन बन जाना ?

उसने कहा कि चूहा बिल से बाहर जा चुका है
और एक बाज उसे उठाकर ले गया है आकाश में
एक संशय लेकिन मुँह खोले बैठा था बिल के मुहाने पर
संशय रहित मृत्यु थी एक तरफ़
और संशय से घिरी मृत्यु दूसरी ओर

चारों ओर आग ही आग थी
और धू-धू करता जल रहा था खांडव वन
एक ऐसा समय था कि जीवन और मृत्यु के बीच नहीं
जैसे मृत्यु और सिर्फ़ मृत्यु के बीच ही बचा था
वरण का प्रश्न !!

23.10.04

रफ़ीक़ मास्टर साहब और कागज़ के फूल

गणित पढ़ानेवाले रफ़ीक़ मास्टर साहब
दंगाइयों द्वारा मार दिए गए बानवे के दंगों में

लेकिन लोहा बाज़ार की गली के कोने पर पहुँचते ही
अचानक आज भी ठिठक जाते हैं मेरे पाँव
कोई यक़ीन नहीं करता कि घड़ियों की दुकान के बाहर निकले पटिये पर
अकसर दिखाई देती है मुझे कागज़ के रंगबिरंगे फूलों की एक दुकान
कई बार तो अपनी बदरंग हो चुकी अचकन पहने
सिर झुकाए किसी फूल की पंखुड़ियों को तार पर लपेटते हुए
रफ़ीक़ मास्टर साहब भी
जो बिरजीसिया मिडिल स्कूल में हमें गणित पढ़ाते थे

बारह-तेरह साल की उम्र में पहली-पहली बार ठीक इसी जगह
देखी थी मैंने कागज़ के फूलों की वह दुकान
लोहा बाज़ार और उसके बीच वो रंगबिरंगे कागज़ के फूल
एकटक देखता ही रह गया था मैं अकबकाया-सा
रफ़ीक़ मास्टर साहब पर मेरी नज़र थोड़ी देर बाद गई थी
उन्होंने देख लिया था मुझे पर पता नहीं क्यों
वो मुझसे नज़रें बचाने की कोशिश कर रहे थे
पर उन्हें देखते ही लपक कर गया था मैं उनके पास
कुछ झेंपते हुए से उन्होंने मेरी नमस्ते का जवाब दिया था उस दिन
फिर उन्होंने कागज़ के फूल बनाने की तरकीबों के बारे में बताना शुरू किया
जैसे गणित पढ़ाते हुए खो से जाते थे वो कठिन सवालों में
वैसे ही डूबने लगा उनका चेहरा कागज़ के फूलों में
अपने पास रखी डलिया से उन्होंने एक रंगीन क्रेप पेपर निकाला

उसकी कई तहें बनाईं और अपनी छोटी-सी कैंची से
फूल की पँखुड़ियाँ काटने का गुर सिखाने लगे
अँगूठे और उँगली के बीच दबाकर पंखुड़ियों को खींचा
तो उनमें एक झुकाव-सा पैदा हो गया
फिर...इस तरह...इस तरह...कहते हुए बीच-बीच में
एक तार लेकर उस पर पंखुड़ियों को जमाने और बाँधने लगे
देखते ही देखते उनके हाथों में एक फूल था
हरे काग़ज़ की एक पतली-सी पट्टी काटकर
उन्होंने उसे तार पर लपेट दिया
फिर पत्तियाँ बनाईं और उन्हें जगह-जगह जोड़ दिया
सब कुछ एक आश्चर्य की तरह था मेरे लिए
गणित और काग़ज़ के फूलों के बीच खड़े थे रफ़ीक़ मास्टर साहब

गणित में मैं हमेशा कमजोर रहा
लेकिन मुश्किल से कुछ ही पलों में मैं काग़ज़ के फूल बनाना सीख गया
और मामा की शादी में मैंने काग़ज़ के फूलों से जब सारा घर सजाया
तो नानी ने इस बात को सारे नाते-रिश्ते के लोगों को बताया

लेकिन उस दिन रफ़ीक़ मास्टर साहब का आँखें चुराना और झेंपना
मैं बहुत दिन बाद समझ पाया

मैंने झिझकते हुए एक दिन अपने दोस्तों को बताया
कि लोहा बाज़ार के उस कोने के पास
मुझे अकसर काग़ज़ के रंगबिरंगे फूल दिखाई देते हैं
और कभी-कभी तो रफ़ीक़ मास्टर साहब भी
लेकिन जैसे ही मैं उनके पास जाने की कोशिश करता हूँ
वो गायब हो जाते हैं
दोस्तों ने पूछा कौन रफ़ीक़ मास्टर साहब
वो जो बानवे के दंगों में मारे गए ?
नहीं ! मैंने खीजते हुए कहा
नहीं वो नहीं, वो जो बिरजीसिया मिडिल स्कूल में हमें गणित पढ़ाते थे
और काग़ज़ के बहुत सुन्दर फूल बनाते थे।

22.6.05

पागल

पन्द्रह या सोलह बरस की उस लड़की के कपड़े
जगह-जगह से फटे हुए थे
वह एक पेड़ के नीचे खड़ी कभी रोने लगती
कभी हँसने लगती
पास ही दो-तीन गाँववाले भी खड़े थे
आपस में कुछ बतियाते हुए

तभी दंगाइयों का एक गिरोह आया
और उनमें से एक जोर से चिल्लाया :
ए लड़की तू हिन्दू है या मुसलमान ?
लड़की बिना कुछ समझे सिर्फ़ देख रही थी
निर्विकार... !
तभी पास खड़े आदमी ने कहा : यह पागल है श्रीमान
एकदम पागल...
दंगाइयों में से फिर दूसरा चिल्लाया :
लेकिन यह हिन्दू है या मुसलमान ?

पास खड़े आदमी ने लगभग रिरियाते हुए कहा :
मालिक एक तो यह जनाना है और तिस पर पूरी पागल
एकदम पागल...!

तभी तीसरा बहुत जोर से चीखा
लेकिन यह हिन्दू है या मुसलमान ?

इसके बाद एक सन्नाटा छा गया

लेकिन तभी वह लड़की जोर-जोर से हँसने लगी

तब आपस में जैसे एक-दूसरे को सूचना देते हुए
दंगाइयों ने कहा :

पागल है साली...एकदम पागल !

7.5.02

यह काग़ज़

यह काग़ज़ धीरे-धीरे मटमैला होता जा रहा है
पहले पहल किनारों से उतरना शुरू हुआ एक मटमैलापन
और धीरे-धीरे उसने इसकी पूरी सफेदी को ढाँप लिया
पेड़ से टूटे पत्ते की तरह सूखती जा रही हैं
इसकी अदृश्य शिराएँ
नहीं बचा पहले जैसा लचीलापन
जब यह एकदम अछूता था और नया-नया
तो कितनी भी बार मोड़कर वापस खोला जा सकता था इसे
गोल-गोल लपेटकर पुंगी बनाई जा सकती थी
अँगूठे और उँगली के बीच एक कोने को पकड़कर
जब जोर से झटका देता था
तो लिपलिपी तलवार की तरह खड़खड़ाता था
लगता था जैसे इसकी इच्छाओं में मौजूद सारे शब्द
आपस में टकराकर बज उठे हों
दाढ़ी बनानेवाली ब्लेड की तरह इतने धारदार थे इसके किनारे
कि असावधानी में कभी-कभी उनसे उँगली कट जाती थी

लेकिन यह काग़ज़ अब मटमैला होता जा रहा है
सूखती जा रही हैं इसकी अदृश्य शिराएँ
अपने पर कभी लिखे गए शब्दों को यह जैसे-तैसे ढो रहा है
जिन्हें ठीक-ठीक पढ़ पाना भी अब मुश्किल है
ख़ाली बची जगह पर नया कुछ लिख पाना तो नामुमकिन
बॉल पेन को हल्के से भी छुआ कर लिखना चाहूँ कोई शब्द
तो वहीं बन जाती है एक दरार

पूरी तरह सूख चुकी है इस काग़ज़ की त्वचा
जहाँ से भी मोड़ो वहीं से टूट जाता है

लगता है कोई भी जुगत अब इसे ज़्यादा दिन बचा नहीं पाएगी
स्मृति में भी कितने दिन बचेगा
कहना मुश्किल है !

1.5.05

चूहा

न जाने किसने बता दिया था उनको कि उनकी मृत्यु
किताबों में छिपकर बैठी है

किताबों के अविष्कार के बाद से ही चूहे लगातार
हर शब्द को कुतर-कुतर कर अपनी मृत्यु को खोज रहे थे
जबकि उनकी मृत्यु जिन चीज़ों में छिपकर बैठी थी
घात लगाए
चूहे उनसे लगभग बेख़बर थे
वो रोटी के लालच में जाते और पिंजरों में फँस जाते
खटकों की चपेट में आकर कुचल जाती थीं उनकी खोपड़ियाँ
आटा समझकर अकसर निगल जाते थे वो जहर की गोलियाँ
पानी की तलाश में बेसुध भागते थे और अकसर
आधे रास्ते में ही दम तोड़ देते थे

उनकी बहुत सारी मूर्खताएँ हमसे मिलती जुलती थीं

चिड़ियों से उनकी दोस्ती की एक पुरानी कहानी
अकसर सुनाई जाती थी
कहा जाता था कि चिड़ियें हमारी सुबह की बातें सुनती हैं
और चूहे रातों की

अगर इस कहावत में थोड़ा भी सच होगा
तो वो न जाने हमारी कितनी सिसकियों
और सपनों को जानते होंगे !

कौवा और मूर्ति

गांधी जी के सिर पर एक कौवा बैठा है
शाम के धुँधलके में मूर्ति का रंग
और कौवे का रंग इतना एक-सा है
कि कौवा मूर्ति का ही हिस्सा लग रहा है

सिर पर कौवे का बैठना
मृत्यु की आशंका का संकेत करता एक अशुभ लक्षण है

कौवा अब अपनी बगलों को फुलाकर
अपने पँख खोल रहा है
अँधेरा धीरे-धीरे नीचे उतर रहा है
कौवा धीरे-धीरे ऊपर उड़ रहा है
और अब कौवे ने बीट कर दी है

गांधीजी के माथे से आँख के पास तक
बह आई कौवे की बीट सूखकर सफेद हो रही है
अँधेरा इतना गहराता जा रहा है
कि गांधीजी की मूर्ति अँधेरे में विलीन हो गई है
और कौवा अब कहीं नहीं है

सिर्फ़ बीट का सफेद दाग चमक रहा है
अँधेरे में !

24.11.03

विनम्रता

जीभ को दाँतों की तुलना में अकसर नरम मान लिया जाता है

चीन की एक नीति कथा कहती है
कि दाँत इसलिए गिर जाते हैं
कि वो सख़्त होते हैं
कि जीभ नरम होती है इसलिए
बनी रहती है उम्र भर

ऐसी कथाएँ बनाते समय अकसर
विस्मृत कर दिए जाते हैं कई ज़रूरी सन्दर्भ
मसलन यही कि दाँत पूरी ताकत से काटें तब भी
वैसा घाव कभी नहीं कर सकते
जैसा कर सकती है एक जबान
आसानी से

पानी बना देता है
पत्थर पर अपनी लहरों के निशान

दूब जिसे विनम्रता का लगभग पर्याय मान लिया गया है
तमाम रुकावटों को पार करती
फैल जाती है सारी धरती पर
बावजूद सारी कोशिशों के बड़े से बड़ा पेड़
नहीं फैल सकता कभी उस तरह

एक जादू-सा असर करती है हर विनम्रता

काम ही नहीं कर पाती है अक़्ल
कि जान सके उसके पीछे छिपे मन्तव्य
विनम्रता हमारी इस कमजोरी को अच्छी तरह जानती है

जो पिटता है हारता है हर जगह हर रोज़
उसकी दयनीयता को विनम्रता समझने की भूल मत करो

विनम्रता ताकतवर की मुद्रा है

वह जीत का पाँसा फेंकना जानती है
इसलिए बनी रहती है हर स्थिति में आश्वस्त !

4.1.03

कवि की जगह

इस बात का पुख़्ता बन्दोबस्त था
कि एक कवि इस समाज में रहा आए

इनाम इक़राम का भी खासा इंतजाम था
और इस बात का भी कि उसकी किताब लोगों तक न पहुँचे
समाज की संरचना इतनी दिलचस्प थी कि आधी से ज़्यादा आबादी
दो जून की रोटी और कपड़े लत्तों की फ़िक्र में ही
अपनी पूरी ज़िन्दगी काट देती थी
उनके बच्चे कुपोषण के बाद भी अगर ज़िन्दा रह जाते थे
तो वहीं धूल में खेलते हुए बड़े होते रहते थे

शासक झक्क कलफ़दार कपड़े पहने
बुद्धू बक्से के स्क्रीन पर मुस्कुराते हुए बोलते थे
झूठ की ऐसी चाक-चौबन्द नाकाबन्दी थी
कि सच वहाँ पर भी नहीं मार सकता था

सरकारें समय-समय पर अपने कामों का खुद गुणगान करती थीं
विज्ञापन छपवातीं थीं गौरव यात्राएँ निकालती थीं
ऐसी विडम्बना थी
कि जनता को सरकार के उन कामों की ही जानकारी नहीं होती थी
जिनके बारे में बताया जाता था कि उन्हें जनता की
भलाई के लिए किया जा चुका है

तिस पर भी जब कभी शासक दल हार जाता था
तो यही कहा जाता कि देश के विकास के लिए

किए गए कामों की जानकारी
वे जनता तक नहीं पहुँचा पाए
अपनी मक्कारी को स्वीकार करने की कोई परम्परा ही नहीं थी

कहने को इस सबको कहने वाले कुछ कवि भी
हमेशा ही रहे आते थे समाज में
उनका भी पूरा पुख्ता बन्दोबस्त था
और इस बात का भी कि उनकी बात का
कोई प्रभाव न बन पाए कहीं समाज में।

16.10.02

अस्त-व्यस्त चीज़ें

मुझे पसन्द हैं थोड़ी अस्त-व्यस्त और ऊबड़-खाबड़ चीज़ें

हर चीज़ जहाँ सजी हो इतने करीने से
कि छींकने तक से हिल जाती हो हवा
पूछ बैठने को करता है मन
आपके यहाँ क्या कोई बच्चा नहीं है
बिसरा चुके हैं आप क्या अपना पूरा बचपन ?

थोड़े अस्त व्यस्त घर लगते हैं मुझे बहुत प्यारे
लगता है वहाँ बची होगी अब भी जीवन की
थोड़ी हड़बड़ी और सरलता
झकाझक कलफ़ लगे क्रीज़बन्द कपड़ों में किसी को देखकर
कोई सुबककर रोता है मेरे भीतर
हाय ! कुछ ही दिनों में निकल आएगी इसकी तोंद
कुछ दिनों में हो जाएगा यह गंजा
बढ़ती उम्र के साथ इसे घेर लेंगी तरह-तरह की बीमारियाँ
बढ़ जाएगा इसका रक्तचाप
यह कभी खुल कर नहीं हँसेगा
दुख में भी कभी फफक कर रो नहीं पाएगा यह
पत्थर के मजबूत परकोटे से घिरे किले की तरह होगा
इसका हृदय

मुझे पसन्द हैं थोड़े फक्कड़ और बेख़बर से कवि
थोड़ी अनगढ़ और अस्त-व्यस्त-सी कविता

जो अचानक थोड़ी हड़बड़ी में चली आई हो
कवि की आत्मा से बाहर
और जिसे तराशने का कभी वक़्त ही न मिला हो उसे !

1987

दाग़

मेरी कमीज़ की आस्तीनों पर कई दाग़ हैं ग्रीस और आइल के
पीठ पर धूल का एक बड़ा-सा गोल छपका है
जैसे धूल भरी हवाओं वाली रात में चाँद
मैं इन दाग़ों को पहनता हूँ
किसी तरह की शर्म नहीं काम के बाद की तसल्ली है इन दाग़ों में
कि किसी दूसरे की रोटी नहीं छीनी मैंने
अपने को ही खर्च किया है एक-एक कौर के लिए

मेरी चादर पर लम्बी यात्राओं की थकान और सिलवटें हैं
मेरी चप्पलों की घिसी हुई एड़ियाँ और थेगड़े
इस मुल्क की सड़कों के संस्मरण हैं
मैं अपनी कमीज़ अपनी चादर और अपनी चप्पलों पर लगे दाग़ों को
सर उठा कर गा सकता हूँ

हर बार लेकिन इतना आसान नहीं होता अपने दाग़ों के बारे में बताना
कितने दाग़ हैं जिन्हें कहने में हमेशा लड़खड़ा जाती है जबान
अपने को बचाने के लिए कितनी बार किए कितने गलत समझौते
ताकतवरों के आगे कितनी चरौरी की
आँख के सामने होते अन्याय को देख कर भी चीखे नहीं
और नज़र बचाकर चुपचाप हर जोख़िम की जगह से खिसक आए

सामने दिखते दाग़ों के पीछे अपने असल दाग़ छिपाता हूँ
और कोई उन पर उँगली उठाता है तो खिसिया कर कन्नी काट जाता हूँ।

13.10.04

व्याकरण-समय

हार फूल सहानुभूति समोसे और एक टुकड़ा मिठाई के बीच
कर्मचारी भाव से सेवा निवृत्त होकर मैंने
संचारी भाव में प्रवेश किया

माफ करें कामताप्रसाद गुरु और हिन्दी के प्राध्यापक
पूर्णचन्द्र रथ की इस हिमाकत में मेरी शरारतन सहमति थी
और हमने व्यभिचारी भाव की तर्ज़ पर उच्चारी भाव से होते हुए
हिन्दी व्याकरण के पवित्र कोष में जोड़े
कर्मचारी और लाचारी भाव

हालाँकि दोनों ही भाव जुड़वाँ बच्चों की तरह जुड़े थे
जीवन की आहार नाल से

उच्चारी भाव को उचक्कों से जोड़ते हुए
हमने लुच्चेपन के बारे में लुच्चारी भाव को ईजाद किया

कविता में तुकों से छेड़छाड़ करने की एक परम्परा
बाप दादों से चली आती थी
इसलिए कोई ज़्यादा नाक-भौं नहीं सिकोड़ता था

व्याकरण लेकिन गम्भीर लोगों का काम था
उसमें उछृंखलता को टेढ़ी नज़र से देखा जाता था

ऐसी हरकतें अज्ञान या अपराध की जद में आती थीं

फिर यह एक ऐसा समय था
जिसमें रचना से ज़्यादा व्याकरण के लिए
लोग आकुल-व्याकुल हुए जाते थे

कभी कभी तो गाली-गलौच की भी नौबत आ जाती थी !

17.10.02

चुटकुलों के पक्ष में एक दलील

चुटकुलों के बारे में गम्भीरतापूर्वक विचार किए जाने की बाबत
मैं एक दलील पेश करता हूँ

शुरुआत में ही लेकिन यह स्पष्ट कर दूँ कि यह बात
सभी प्रकार के चुटकुलों पर लागू नहीं होगी

अमूमन चुटकुलों को हँसने-हँसाने और भूल जाने की
एक हल्की-फुल्की चीज़ मान लिया गया है
जबकि वे एक खतरनाक वायरस की तरह
फैल सकते हैं
हद और बेहद को पार करते हुए
रातों-रात किसी भी तंत्र में सेंध लगा सकते हैं
और नाक में दम कर सकते हैं किसी भी तानाशाह की

कई संगीन खतरों की महीन सूचनाएँ छिपी होती हैं उनमें
अपना स्वतंत्र संचार तंत्र विकसित कर लेने के लिए
वो किसी भी व्यवस्था के मोहताज नहीं होते

निर्भय होने का एक मंत्र जो छिपा होता है
उनकी आंतरिक तहों में
डरी और सहमी जनता उसे बहुत अच्छी तरह जानती है
अत्याचारियों को पल भर में ही वो एक मखौल में बदल सकते हैं

एक सार्वजनिक और सामूहिक हँसी पैदा करते हैं चुटकुले
यह योग केन्द्रों या हास्य क्लबों में जबरन हँसी जा रही

हँसी नहीं है
कुछ ऊबे हुए उच्चवर्गीय या हताश मध्यवर्गीय
जिसे किसी बागीचे या सरोवर के किनारे
हँसते हुए दिखते हैं समूह में आजकल
यह मांसपेशियों की कसरत नहीं है

हँसी !
समझ की एक जटिल और तकलीफदेह प्रक्रिया है
हम जैसे ही अभ्यस्त होने लगते हैं
देह और आत्मा पर हो रहे
अन्यायों और अत्याचारों के बारे में
यातनाओं को महसूस करना
जैसे ही बन्द कर देती है हमारी देह
वह कौंचने लगती है बार-बार
चुटकुलों के छिपे हुए नाखूनों पर
जब तक नज़र जाती हैं
वो हमारे घावों पर जम चुकी पपड़ी को
खरोंच चुके होते हैं

चुटकुलों के बारे में एक सबसे अच्छी बात यह है
कि उनके उपयोग पर कहीं कोई कॉपीराइट एक्ट
लागू नहीं होता !

भाषा की आवाज़

बोलते बोलते एकाएक
मुझे अपनी आवाज़ पुराने दासों की तरह लगी

मुझे एकाएक लगा कि यह अधीनों की भाषा है
जिसमें मैं सोच रहा हूँ और बोल रहा हूँ

लेकिन यह कब हुआ और कैसे हुआ ?
हमें तो लगता था कि यह हमारी आज़ादी की लड़ाई की भाषा है
स्वतन्त्रता और नए नगरों के बनने की प्रक्रिया के बीच
लाखों लोगों ने अपने पुराने डेरों के उजड़ने और नए डेरों के बसने
के साथ-साथ बनाया है हमारी इस भाषा को
कि इसमें उनके आपस में बतियाने और गाने-बजाने की आवाज़ें हैं
कि उनके काम-धंधों की दिक्कतों उनकी खुशियों और दुख से बनी है यह भाषा
कि रोटी बेटी के सम्बन्धों के साथ बनाए है उसने नए कुटुम्ब

पर शायद हमीं से हुई थी चूक हम ही नहीं देख पाए थे
कि हमारी आज़ादी की लड़ाई की भाषा फैसलों की भाषा नहीं थी
आधी रात के अँधेरे में
फैसले तो उसी शासक की भाषा में लिखे गए थे
जिसके ख़िलाफ हम लड़े थे

बाज़ार पहले ही चुरा चुका था हमारी जेब में रखे सिक्कों को
और अब वह सौदा कर रहा था हमारी भाषा का
और हमारे सपनों का

पुराने अनुभव की कमीज़ पहन कर
नए विमर्श की शब्दावली के सामने खड़ा था मैं अकबकाया हुआ
और नए बाज़ार में सौदा-सुलुफ करता एक विदूसक की तरह लग रहा था

महत्वाकांक्षाओं के मायालोक में कहीं नहीं थी हमारी भाषा
कहीं दूर कोने-कुचालों से कभी-कभी सुनाई पड़ती थी
उसकी बहुत धीमी और पराजित आवाज़

बिना लड़े ही हम हार रहे थे अपनी लड़ाई !

1.12.01

टॉमस मोर

मैं टॉमस मोर का कटा हुआ सिर हूँ
उन्होंने मुझे लंदन ब्रिज पर लटका दिया है
कि लोग देखें
और अपना निर्णय अपने आप ले सकें

ईसा के सिर पर रखे काँटों के मुकुट की तरह
मेरे सिर पर रखी हैं एक दूसरे को काटती
तेज रोशनियों की शहतीरें
उन्होंने मुझ पर देशद्रोह का अभियोग लगाया
मुकदमा चलाया कि सारी कार्यवाही न्यायसंगत लगे
फिर मेरे लिए मृत्युदण्ड की सज़ा को तजबीज किया
मृत्युदण्ड देकर भी लेकिन उन्हें पूरी तसल्ली न हुई
तो उन्होंने मेरा सिर काट कर
लंदन ब्रिज पर लटका दिया
इस तरह शक्ति की एक नई संरचना ने आकार लिया

मैं टॉमस मोर का कटा हुआ सिर हूँ
उन्होंने मुझे लंदन ब्रिज पर लटका दिया है

उन्होंने कहा कि मैं राजसत्ता और धर्म के सम्बन्धों का
विरोध करना बन्द कर दूँ
मैंने इंकार कर दिया
वो चाहते थे कि मैं राजा को धर्मसभा का अध्यक्ष मान लूँ
मैंने इंकार कर दिया

मैं टॉमस मोर का कटा हुआ सिर हूँ
उन्होंने मुझे लंदन ब्रिज पर लटका दिया है
कि लोग देखें
और अपना निर्णय अपने आप ले सकें
मेरे हजारो तर्क भी जिस बात को समझाने में
लाचार रहे
क्या उम्मीद करूँ कि मेरा कटा हुआ सिर
कभी उसे समझा पाएगा !

मैं टॉमस मोर का कटा हुआ सिर हूँ
और धर्म और राजसत्ता के बीच बने
पुल पर लटका हूँ।

6.1.05

सर टॉमस मोर 1478-1535 : उसने अनेक कृतियों की रचना की जिसमें 'यूटोपिया' प्रमुख है। इसमें तत्कालीन समाज की राजनीतिक और सामाजिक बुराइयों की आलोचना की गई है। कुछ लोगों का मत है कि यह समाजवाद की अप्रत्यक्ष अभिव्यक्ति है। वे एक सच्चे ईसाई थे। उन्होंने राजा को चर्च का धार्मिक नेता मानने से इंकार किया और इसी कारण उन पर 1534 में देशद्रोह का आरोप लगाया गया। उसने राजा को ईसाई विश्व का धार्मिक अध्यक्ष मानने से इंकार कर दिया था। सन् 1535 में उसे प्राणदंड देने के बाद उसका कटा हुआ सिर लंदन ब्रिज पर लटका दिया गया कि लोग देखें और अपना निर्णय खुद ले सकें।

घोड़े

हमारे पास कभी घोड़े नहीं थे

घोड़ों को देख कर लगता था कि हमें जीता गया होगा
जलाई गई होंगी हमारी बस्तियाँ
उनकी टापों की आवाज़ में हमारी स्त्रियों का विलाप
और हमारे पुरखों की चीखें सुनाई देती थीं

घोड़ों को हम पहचानते ही नहीं थे
वह हमारे जानवर नहीं थे

हम जीत लिये गए होंगे तो हमें घोड़ों की देखभाल करने
उन्हें नहलाने और मालिश करके उनकी त्वचा को चमकाने
का काम सिखाया गया होगा
शामिल किए गए होंगे अश्वारोही और सईस जैसे शब्द
पहली बार हमारी भाषा में
घोड़ों की सवारी करने की लम्बे समय तक मुमानियत रही होगी
जिसकी गूँज अभी भी कहीं-कहीं दूर गाँवों में सुनाई देती है
विजेताओं के वंशज आज भी हमारे दूल्हे को
चढ़ने नहीं देते घोड़ी पर
घोड़ों को हमारे भरोसे छोड़ कर
उन्होंने रचे होंगे वेद पुराण ब्राह्मण ग्रन्थ और स्मृतियाँ
कि वैधानिक बनाया जा सके हमारी गुलामी को

हम घोड़ों के बारे में कुछ भी नहीं जानते थे
लेकिन धीरे धीरे उनके साथ रहते हुए हमने जाना

कि घोड़ों की आँखें अपने मालिकों की बर्बरता
और हिंस्र खुशी का साथ नहीं देतीं कभी
उनकी आँखों में गुलामों जैसी ही उदासी होती है हमेशा

समय के साथ-साथ शायद इसीलिए वे हमें अपने लगने लगे होंगे
धीरे-धीरे !

13.9.04

यह स्वास्थ्य के लिए हानिकारक है

मैं एक सिगरेट जलाता हूँ
तो धमकाती है पैकेट पर छपी चेतावनी
सिगरेट पीना स्वास्थ्य के लिए हानिकारक है
रास्ते में मिलता है दोस्त बिना माँगे सलाह देता है
बहुत एहतियात बरतनी चाहिए चालीस की उम्र के बाद
गीत के स्थाई की तरह दोहराती है बीवी
छोड़ क्यों नहीं देते सिगरेट पीना देखो पैकेट पर भी लिखा है
सिगरेट पीना स्वास्थ्य के लिए हानिकारक है

मैं कहता हूँ बहुत हानिकारक है
व्यक्ति के लिए नहीं पूरे देश के लिए हानिकारक है
दिनोंदिन बढ़ते जाना अमेरिका का दबाव राष्ट्रवाद का नया उफ़ान
वित्त पूँजी का प्रपंच बजरंगियों का उत्पात बहुराष्ट्रीय कंपनियों का
लगातार फैलता जाल
एक प्रधानमंत्री का इतनी बुरी कविता लिखना
हानिकारक है

एक आदमी बगल में आकर फुसफुसाता है
हानिकारक है शबाना आज़मी का सिर मुंडाना
इससे नए-नए विवाद पैदा हो रहे हैं

पानी को वाटर कहने से डूबने लगती है जिनकी संस्कृति की नब्ज़
उन्हें गंगा के साबुन में बदल जाने से कोई एतराज़ नहीं
एक कवि ने कहा था कुछ बरस पहले
कि खतरनाक है सपनों का मर जाना

एक दोस्त पाठ को बदल कर कहता है
खतरनाक है सपनों का बिखर जाना
दूसरा दोस्त एक बार फिर बदलता है पाठ
सबसे खतरनाक है सपनों का बिक जाना

महानुभावो वो कुछ भी बेच सकते हैं
क्रांतिकारी गीतों को बना सकते हैं पॉप सांग
बेंच सकते हैं एक साथ वंदे मातरम् और कोलगेट की मुस्कान
हानिकारक है संविधान की समीक्षा इतिहास परिषद पर मँडराता खतरा
और सबसे हानिकारक है उनका राष्ट्रवाद

मैं फिर एक सिगरेट जलाता हूँ
पैकेट पर छपी चेतावनी को काट कर अलग करता हूँ
और सोचता हूँ
कहाँ चस्पा करूँ इसे
कहाँ कहाँ ?

मुर्गा मुआफ़ी

मुर्गा मुआफ़ी की बरसों से चली आती महान परम्परा के अनुसार
धन्यवाद ज्ञापन दिवस पर नेशनल टर्की फेडरेशन ने
भेंट किया एक टर्की मुर्गा अमरीकी राष्ट्रपति को
बरसों से चली आती उत्सवी उदारता को दोहराते हुए
अमरीका के राष्ट्रपति ने इस बार फिर
मुआफ़ी देते हुए उस मुर्गे को छोड़ दिया
और दूसरे मुर्गे को हलाल किया
अपने खाने के लिए

बरसों से चली आती परम्परा के अनुसार
मुआफ़ी पाए मुर्गे को छोड़ दिया गया
वर्जीनिया के फ्राइंग पैन पार्क में
स्वतन्त्र जीवन बिताने के लिए
और लगभग पाँच करोड़ टर्की मुर्गों को
हलाल करके परोसा गया मेहमानों के भोज में
जैसी कि परम्परा थी
और जो बरसों से चली आती थी

ठेका हासिल करनेवाली प्रमुख टर्की कम्पनी ने कहा
कि भाग्यशाली मुर्गों को प्रशिक्षण दिया जाएगा
सुसभ्य और सुसंस्कृत होने का
कि जैसी बरसों से चली आती परम्परा है
हो सकता है कि इनमें से कुछ मुर्गे
अंग्रेजी बोलना भी सीख जाएँ कुछ दिनों में

प्रत्यक्ष को प्रमाण की ज़रूरत नहीं
जैसा कि मुहावरे में कहा जाता था
कोई भी देख सकता था किसी भी वक़्त
कि अनेक प्रशिक्षित मुर्गे काम कर रहे थे पूरी दक्षता से
अन्तर्राष्ट्रीय मुद्राकोष और विश्व व्यापार संगठनों के लिए
विगत कई वर्षों से

इस नए नस्लवाद का ऐसा हैरतअंगेज असर हुआ
कार्पोरेट युग के तमाम मुर्गों पर
कि भगदड़ मच गई फ्राइंग पैन पार्क में घुसने के लिए
हर जगह !!

26.2.04

अरुंधति राय के एक लेख के प्रति आभार के साथ।

चींटियाँ

चींटियों के बारे में हम कितना कम जानते हैं

वे हमेशा ही सतह के नीचे बनाती हैं अपने घर
एक कतार में आती हैं वे और अपना काम करती
गुजर जाती हैं उसी तरह चुपचाप

एक कीड़े जितनी भी आवाज़ नहीं उनकी
उनके जन्म की कोई आवाज़ नहीं
उनकी मृत्यु की कोई आवाज़ नहीं
उनके काम की और उनकी उपस्थिति की
कोई आवाज़ नहीं
इस सृष्टि की सबसे चुप उपस्थिति हैं वे

इतनी बेआवाज़ होकर भी जानी जाती हैं वे
एक समय आता है जब उनके पर निकल आते हैं
कितनी नफ़रत के साथ बोलते हैं हम इस मुहावरे को
चींटियों ने कभी इसे अगर महसूस भी किया होगा
तो भी कोई प्रतिक्रिया कम से कम जाहिर नहीं की आज तक

चींटियों के बारे में हम इतना कम जानते हैं
कि कभी-कभी यही बात बेचैन कर डालती है हमें
किसी की भी हो इतनी चुप इतनी सामूहिक
इतनी निस्पृह उपस्थिति
एक दहशत पैदा कर देती है किसी न किसी के लिए
एक दिन

चिउँटी की तरह मसल डालूँगा जैसे मुहावरे
उसके बहुत छोटे और कमजोर होने को नहीं
हमारे डर को ही ज़्यादा व्यक्त करते हैं

कहा जाता है कि अपने वजन से
कई गुना ज़्यादा वजन उठा सकती हैं वे
किसी भी जीवित प्राणी को वे भरसक नहीं सतातीं
लेकिन किसी भी मृत देह को ज़्यादा देर तक
नहीं रहने देतीं वे धरती पर !

कर्ज़दार

बाहर देहरी पर बैठा है साहूकार
मैं छिपकर बैठा हूँ भीतर

मैं किसी का क्या कर्ज़ चुकाऊँगा
कानी कौड़ी भी नहीं मेरे पास
वह छोटी-सी चिड़िया जो चोंच खोलकर
गई मेरे छज्जे पर अभी बोलकर
मेरे बस में नहीं उसका भी कर्ज़ चुकाना

सोचा ही नहीं कभी किसी दिन
इस तरह चुकाने होंगे कर्ज मुझे
धूप, हवा और पानी के
किसने चुकाए कर्ज़ कभी
बचपन में सुनी कहानी के

बिना चुकाए कर्ज़ ध्वनि का
खर्च कर डाली मैंने कितनी सारी भाषा

छिप सकता था
नहीं किसी की कभी पकड़ में मैं आता
अपने ही हाथों से लेकिन साहेबान
बच सकता था कब तक अपना गिरेबान

जितना छिपने की कोशिश करता हूँ
उतना ही पकड़ा जाता हूँ

एक गिलहरी भाग खड़ी होती है मुँह बिचका कर
कौवा एक चिढ़ाता है मुझको
काँव-काँव... !

12.8.02

चाँद की वर्तनी

चाँद लिखने के लिए चा पर चन्द्र बिन्दु लगाता हूँ
चाँद के ऊपर चाँद धर कर इस तरह
चाँद को दो बार लिखता हूँ
चाँद की एवज सिर्फ़ चन्द्र बिन्दु रख दूँ
तो काम नहीं चलता भाषा का
आधा शब्द में और आधा चित्र में
लिखना पड़ता है उसे हर बार
शब्द में लिखकर जिसे अमूर्त करता हूँ
चन्द्र बिन्दु बनाकर उसी का चित्र बनाता हूँ

आसमान के सफे पर लिखा चाँद
प्रतिपदा से पूर्णिमा तक
हर दिन अपनी वर्तनी बदल लेता है
चन्द्र बिन्दु बनाकर पूरे पखवाड़े के यात्रा वृत्तांत का
सार संक्षेप बनाता हूँ

जहाँ लिखा होता है चाँद
उसे हमेशा दो बार पढ़ना चाहता हूँ
चाँद
चाँद !

22.12.04

टेलीफ़ोन

नदियों से बातें करना चाहता हूँ इस समय
पर टेलीफ़ोन पर यह मुमकिन नहीं
उन दरख़्तों का भी मेरे पास कोई नम्बर नहीं
जो अकसर रास्तों में मिल जाते हैं
परिन्दों के पास कोई मोबाइल होगा
इसकी कोई उम्मीद नहीं

जिनसे बतियाने की इच्छा होती है
उनके पास तक ही जाना पड़ता है हर बार
यह टेलीफ़ोन फिर किस मर्ज़ की दवा है
काम आता नहीं छदाम भर
और कमबख़्त बजने लगता है वक़्त-बेवक़्त
उस पर तुर्रा यह कि जैसे ही उठाकर कहिए...हलो !
सामने से आवाज़ आती है
रांग नम्बर !

कुछ सूक्तियाँ

एक

किसी उजाड़ में दिखे पाँव के निशान
रोशनी की तरह लगते हैं

पतझर की डाल से टूटा हुआ पत्ता
बसन्त का दरवाज़ा खटखटाता है !

दो

बेचैनी की लिखावटें अकसर तिरछी होती हैं
काँपती-सी और कुछ उलझे हुए तागे जैसी
उनमें कहीं-कहीं बीच में
शब्द या सहायक क्रियाएँ
अकसर छूट जाती हैं

हमें अपने अनुभव से पूरा करना होता है
उनका वाक्य

उनके आसपास अकसर
स्याही के धब्बे नज़र आते हैं।

तीन

दिमाग नहीं जैसे भूली-बिसरी चीज़ों की
एक भंडरिया थी

बहुत अँधेरा था उसमें
और उसमें सिर झुकाकर प्रवेश करना पड़ता था
डर लगता था कि कोई नाजुक चीज़
पाँव के नीचे आकर न टूट जाए !

चार

हम सोना चाहते थे
सो पाते तो सपने भी देखते

पर इस कमबख़्त निज़ाम में
चैन की नींद कहाँ ?

खिलौना

विजय कुमार के लिए

मैं एक खिलौना हूँ।

सर्कस के साधारण जोकर की तरह दिखता हूँ
रिमोट कन्ट्रोल से तुम मुझे चला सकते हो
जिधर चाहो, आगे पीछे दाएँ बाएँ आ जा सकता हूँ
आँखें मटका सकता हूँ, हाथ हिला सकता हूँ
पास रखे किसी खिलौने को लात जमा सकता हूँ
जैसा सर्कस के जोकर अकसर करते हैं लोगों को हँसाने के लिए
उछल सकता हूँ, गुलाट खा सकता हूँ
कई करतब दिखा सकता हूँ
मैं थोड़ा मजेदार हूँ और कभी-कभी थोड़ा क्रूर लग सकता हूँ
नए समय की कई खूबियाँ हैं मुझमें और कुछ बदसूरतियाँ भी

बच्चो ! खिलौनों के पास तुम जिस हद तक जाते हो
वहाँ तक खिलौनों की दुनिया बहुत सुन्दर भी है
आसान और मजेदार भी
पर खिलौनों के पीछे की असल दुनिया इतनी सरल और आसान नहीं है
हो सकता है कभी तुममें से कुछ बच्चे बड़े होकर
उस नेपथ्य में भी प्रवेश करें जहाँ खिलौने आकार लेते हैं
वह सबकुछ बहुत आसान नहीं होता
मिट्टी और लकड़ी से बने खिलौने भी जो सबसे सरल दिखते हैं
बहुत हुनर और कई रातों के सपनों से रचे जाते हैं

मुझे डिज़ाइनिंग के एक बड़े संस्थान से ऊँची तालीम हासिल करके निकले
एक युवा इंजीनियर ने कई-कई रातों तक जागकर रचा है

हमारी ज़रूरत की बहुत सारी चीज़ों की शक्ल बदल दी है
इन संस्थानों से निकले युवा कलाकारों ने
चीज़ें पहले से कहीं ज़्यादा सुन्दर कहीं ज़्यादा बेहतर
और मुकम्मल हो गई हैं

मैं कई रातों तक उस डिज़ाइनर की खोपड़ी में
कब्ज़ा जमाए रहा जिसने मुझे बनाया था
मैं रोज़-रोज़ देखता था उसे काग़ज़ काले करते
और उन्हें फाड़-फाड़कर फेंकते हुए
गुड़ी-मुड़ी किए काग़ज़ों का एक ढेर लग गया था
उसके कमरे के कोने में
दर्जनों पेन्सिलों को छील-छीलकर
उसने छोटा कर डाला था
मैं नाचता रहता था दिन रात उसके सपनों में
उसकी कल्पना में
तुम सोच भी नहीं सकते कि कितनी मशक्कत की उसने
मेरी आकृति को गढ़ने के लिए
कितनी बार मेरी गर्दन को लम्बा किया कितनी बार छोटा
मेरी नाक के साथ तो इतनी छेड़छाड़ की उसने
कि एक समय तो मुझे मेरी नाक से चिढ़-सी होने लगी थी
पर वह कमाल का धुनी था उसकी ज़िद थी कि उसका जोकर
फिल्मों द्वारा बनाई गई जोकर की छबि से अलग होना चाहिए
हालाँकि जोकर हमेशा अपने करतबों से ही अपने को नया करते हैं
उनकी पोशाक, उनकी टोपी, उनके जूते और उनके मेकअप में
तो अकसर कुछ भी नया नहीं होता
सारी दुनिया के जोकरों में कुछ बातें इतनी यकसाँ होती हैं
इतनी यकसाँ होती हैं उनकी हरकतें
कि दुनिया के किसी भी कोने के बच्चे उन्हें देखते ही पहचान लेते हैं
चाहे उन्होंने उन्हें पहले कभी न देखा हो
उनसे दोस्ती करने में बच्चों को कभी जरा-सी भी हिचक नहीं होती
ज़रा भी देर नहीं लगती

समाज में दिनों दिन अकेले होते जाते बच्चों के लिए बनाने थे
उस डिज़ाइनर को कुछ अलग तरह के खिलौने
वह एक प्रतिभाशाली लड़का था और उसे एनीमेशन फिल्मों के
चरित्रों को बनाने का बचपन से ही शौक था
वह चाहता तो बहुत कुछ कर सकता था
कारों की डिज़ाइन बनाकर
लाखों का वारा-न्यारा कर सकता था
लेकिन उसने खिलौनों की दुनिया को चुना
हालाँकि खिलौना बनानेवाली कम्पनियों के व्यवहार से वह कई बार
बहुत खीज जाता और कई बार रास्ता बदलने का निश्चय कर लेता
लेकिन उसका गुस्सा ज़्यादा देर ठहरता नहीं
भटक-भटका कर वह वापस खिलौनों की दुनिया में लौट आता

प्यारे बच्चो !
यह साठ के बाद का दौर था
जब हर दूसरी कहानी में
संयुक्त परिवार के टूटने का दृश्य था
बरसों से एक जगह ठहरी हुई संरचनाएँ सचमुच टूट रही थीं
परिवार के टूटने और एकल परिवार के आकार लेने के बारे में
एक लम्बी बहस छिड़ी हुई थी पूरे समाज में

हर नया परिवर्तन नई समस्याओं को भी पैदा करता है
एकल परिवार की भी बहुत सारी खूबियाँ थीं
पर उसकी समस्याएँ भी कम न थीं
कहानियों को पढ़ते और बहसों को सुनते उस डिज़ाइनर के मन को
मथ रहा था एक ही विचार
कि बच्चे अकेले होते जाएँगे
कि हर तब्दीली के बाद बच्चे अकेले होते जाएँगे दिनों दिन
उसने अपनी माँ और मौसियों को पूरी उम्र घर में घुटते देखा था
इसलिए जब बहनें नौकरी करने बाहर जाने लगीं तो उसे बहुत अच्छा लगा
पर पीछा नहीं छोड़ता था वह विचार
कि बच्चे अकेले होते जाएँगे
कि बच्चे अकेले होते जाएँगे लगातार

विकसित होते एक गरीब समाज की अपनी कई पेचीदगियाँ होती हैं
कई पहेलियाँ और कई चक्कलसें
एक को सुलझाने में दूसरी और ज़्यादा उलझ जाती है
वह सिर्फ़ बच्चों की तरफ़ से सोचना चाहता था, जो सम्भव नहीं था
झूलाघरों का चलन तो उसके देखते-देखते ही शुरू हो चुका था
कुछ ही समय बाद उसने देखा कि खिलौनों का बाज़ार
प्लास्टिक की नकली बन्दूकों, मशीनगनों, पिस्तौलों, टैंकों जैसे
खिलौनों से भर गया
बच्चों के अकेलेपन को एक नकली और हिंसक उत्तेजना
से भरने की एक भयावह कोशिश की जा रही थी
हमारा अन्याय और हमारी हिंसा जो हमेशा ही
गरीब बाल मज़दूरों और भिखारी बच्चों के सामने
एक दुत्कार की तरह प्रकट होती है
अब हमारे खिलौनों में प्रकट हो रही थी

उन्हीं दिनों उसने सोचा था कि एक दिन
वह बच्चों के लिए खिलौनों का एक नया संसार रचेगा
यही सोचता हुआ एक दिन
वह खिलौनों की इस दुनिया में चला आया था
हजारों खिलौने चक्कर लगा रहे थे उसके दिमाग में लगातार
हजारों उसके काग़ज़ों और ड्राइंग कॉपियों में दबे पड़े थे
वह सोचता था कि एक दिन वह खिलौनों की दुनिया को
पूरी तरह बदल डालेगा
बाज़ार लेकिन एक बौराए सांड़ की तरह
उसकी इच्छाओं और सपनों को कुचल डालने पर आमादा था
वह समझाना चाहता था खिलौने बनानेवालों को
कि बच्चों की ज़रूरत को समझ लेने से ही
नहीं सुलझेंगी ये पहेलियाँ
कि ज़रूरत उसे बदलने की है
कि ज़रूरी है खिलौनों की दुनिया को पूरी तरह बदल डालना

प्यारे बच्चो !

मैं तो एक खिलौना हूँ
लेकिन मुझे देखकर भी तुम जान जाओगे
कि बाहर की दुनिया बदल रही थी हर घड़ी
कि कौन नहीं जानता कि बदल रही हैं तुम्हारी इच्छाएँ
बदल रहे हैं तुम्हारे सपने और तुम्हारा व्यवहार
इस दौर के बच्चों के पास बहुत कुछ ऐसा है
जो पहले के बच्चों को कभी नसीब नहीं हुआ
लेकिन बहुत कुछ ऐसा नहीं भी है
जो मिल जाता था पहले के बच्चों को बहुत आसानी से

मैं एक खिलौना हूँ
नए बाज़ार की नई माँग पर बनाया गया है मुझे
लेकिन अगर गौर से देखोगे तो दिखेगा
कि मुझमें कुछ ऐसा भी है जो थोड़ा अलग है
मुझे बनानेवाले कलाकार ने बाज़ार की नज़र बचाकर
बाज़ार की इच्छा के बीच अपने स्वप्न को भी रख दिया है मुझमें

मैं मात्र एक जोकर हूँ
इस नए समय का खिलौना
जो रिमोट के बटन दबाते ही कई करतब दिखा सकता है
प्यारे बच्चो !
मुझे छुओ तो मुझे बनानेवाले कलाकार के सपनों को भी
छूने की कोशिश करना !!

2.6.04

कवि का काम

दिखने में जो अकसर आसान से दिखते हैं
एक कवि को करने होते हैं ऐसे कई पेचीदा काम

मसलन बहुत सारे कठिन कामों में एक कठिन काम है
नदियों की कलकल करती आवाज़ों का अनुवाद करना
पेड़ों के हहराने और हजारों प्रजातियों की चिड़ियों के
चहचहाने का अनुवाद करना
पहाड़ों और पठारों दोनों की ही भाषा दुर्गम होती है
आँसुओं के लिए अपनी भाषा में कभी नहीं मिल पाते
उतने ही पारदर्शी शब्द
बेज़ुबान लोगों के दुख और गुस्से के लिए ढूँढ़ने पड़ते हैं
कवि को सही-सही और उतने ही ताप से भरे शब्द

और चुप के लिए ऐसे शब्द को ढूँढ़ निकालना
कि शब्द में लिखे जाने के बाद भी वह चुप ही लगे
इसके लिए बहुत महीन हुनर की ज़रूरत होती है

और यह सिर्फ़ एक कवि के ही बस का काम है !

22.2.01

●●●